善合者易胜

上海产学研合作优秀案例选编

主编　朱英磊
上海科技成果转化促进会

上海科学技术出版社

编委会名单

序

共同努力，进一步推动上海产学研深度融合

第十届上海市政协主席　蒋以任

应上海科技成果转化促进会（简称“科促会”）朱英磊会长邀请，约我为《善合者易胜——上海产学研合作优秀案例选编》作序。作为科促会和“上海产学研合作优秀项目奖”（简称“上海产学研奖”）的热心支持者，我对“上海产学研奖”有着很深的感情，翻阅此书，不由使我回想起15年来参与“上海产学研奖”评选之情景，更让我再次对上海的产学研深度融合展开思考。

在我国，“产学研”一词在1993年的《中华人民共和国科学技术进步法》中被正式提出。国家颁布此法的目的是鼓励企业、高等院校、科研机构开展联合协作，鼓励科技成果向市场应用转化。经过30多年发展，我国的产学研合作已成常态，极大地推动了企业发展和科技进步，其重要作用不言而喻。一是产学研合作成为企业与高校、科研院所沟通携手的“桥梁”，“天堑变通途”。二是产学研合作成为科技成果向现实生产力转化的“加速器”，合作方以市场为导向，以产品为龙头，以效益为核心，缩短了研发周期，提高了成果转化效率。三是产学研合作成为校企双方加快自身发展的“催化剂”，以产学研合作为媒介，企业加大研发投入，重视借用“外脑”，提高核心技术和人才队伍水平。高校则自我加压，倒逼科研成果真正成为企业产品和市场商品，同时又培养了专业人才，将合作的效益“反哺”学科发展。

习近平总书记在党的二十大报告中指出：“强化企业科技创新主体地位，发挥科技型骨干企业引领支撑作用，营造有利于科技型中小微企业成长的良好环境，推动创新链产业链资金链人才链深度融合。”并强调要“优化国家科研机构、高水平研究型大学、科技领军企业定位和布局”。进一步指明了推进产学研深度融合的方向与重点，成为我们继续努力的依循与目标。如何进一步打通校企合作的“最后一

公里”，提高产学研合作深度融合的效率？

首先，企业要充分发挥在产学研合作中的主体主导作用，做到“四个清楚”和“一个更上”。一是企业核心产品升级目标要定清楚，瞄准最高水平，确定制高点。二是自身技术长短要弄清楚，然后“按图索骥”攻关，寻找到最合适合作高校或科研院所的课题。三是合作需求要说清楚，便于合作方理解和支持。四是人才培养要想清楚，采取有力措施，力争通过产学研合作实现产品升级和人才队伍升级。五是要“更上一层楼”，善于通过产学研合作，集聚成功要素，优化经营管理和企业文化建设，推进企业大进步。

其次，高校应该在研究型大学转型、创新产学研合作方式、提高科研成果转化率上做得更好。一要观念更新。增强教师与学生关注知识应用、关注企业生产、关注市场需求的意识，跨出实验室与校门，走向企业生产场景。二要主动贴近。高校要“多跨半步”，深入企业了解其目标追求，弄清楚企业的产品现状、核心需求、技术难点等，为企业积极献策。三要主动输出。围绕企业需求，优化科技成果，提高转化效率，进一步提升自身“育人”水平。

推动上海产学研深度融合是一项综合性很强的工作，离不开各单位、各部门的共同努力，也离不开社会方方面面的关心与支持。期盼科促会、市教育发展基金会、市科协不断扩大“上海产学研奖”的影响力，总结经验，做好宣传，不断提高工作成效，进一步助力上海产学研深度融合。期望政府有关部门给予更多关心和支持，当好这一奖项的坚强后盾，把各地区的优秀科技型中小微企业凸显出来。

作为上海市为推进产学研深度融合而设立的唯一奖项，“上海产学研奖”评选已走过15个年头，很好地发挥了推进上海产学研深度融合的“铺路石”作用，非常符合“大力推进产学研深度融合”的国家战略和上海科创中心建设的目标。科促会组织编撰《善合者易胜——上海产学研合作优秀案例选编》一书，从获奖的优秀项目中，挑选了12个具有典型意义的项目，编撰成产学研合作优秀案例汇编，框架式地展示了上海产学研合作优秀项目成功的过程与要诀，清晰阐述了产学研合作的理念、实践和成果，也点出了上海产学研深度融合的场景与方向，很有意义。我衷心希望本书的出版能够为有志于投身于产学研合作事业的“善合者”提供一些借鉴和启示，继续努力，进一步把上海的产学研合作推向前进，争取在我国的科技成果转化和产业化的伟大事业中当好“排头兵”和“领头羊”。

前言

上海科技成果转化促进会会长　朱英磊

“上海产学研合作优秀项目奖”（简称“上海产学研奖”）创设于2009年，经上海市科委批准并报国家科技部备案，由上海科技成果转化促进会（上海市促进科技成果转化基金会，简称“科促会”）、上海市教育发展基金会、上海市科学技术协会主办。“上海产学研奖”面向全市科技型企业，尤其是科技型中小微企业，以及与企业紧密合作的高校、科研机构，旨在宣传产学研合作理念，表彰产学研合作先进，总结产学研合作经验，树立产学研合作典型。评选基本条件是项目技术先进，产学研合作程度高，综合效益好；评选原则是“公开、公平”“专家把关，好中选优，兼顾平衡（产业、地区、企业规模）”；评选过程包括“初核、初评、复评、终评”四环节，每年评选一次。

“上海产学研奖”是上海为推进产学研深度融合而设立的唯一奖项。15年来，在上海市政协、市政府领导的重视关心下，在上海市经信委、市科委、市教委和市工经联等方面的支持下，共评出奖项209个，先后有200家企业、43所高校和32家科研机构获奖。新闻媒体对“上海产学研奖”、获奖项目、获奖单位做了大量的报道宣传，“上海产学研奖”的影响力不断扩大。

习近平总书记在党的二十大报告阐述加快实施创新驱动发展战略时指出：“加强企业主导的产学研深度融合，强化目标导向，提高科技成果转化和产业化水平。”历时15年的“上海产学研奖”正是遵循习近平总书记思想和要求的重要实践。一是积极弘扬了“产学研合作”的科学理念。大力宣传“产学研合作”是企业和经济高质量发展的“必由之路”和“超车道”，努力促进有志于产学研合作的各方增强深度融合意识，实现各自目标，加快自身发展。二是积极宣传“产学研合作”的基本方法。认真总结了产学研合作优秀项目的成功规律，概括了“规划目标明确、责权利明晰、组织机制严谨、运作紧密高效、各取一举数得”的合作模式，努力促进有志于产学研合作的各方“取人之长，相得益彰”合作水平的提高。三是积极助推产学研合作能力增强。深入总结了“产学研合作”的成功规律，揭示了“善于站高确立目标，善于发现自身不足，善于寻觅优质资源，善于形成有效合作，善于不断举一反三”的“成功之钥”，努力促进有志于产学研合作的各方重视通过紧密合作增强自身能力。“上海产学研奖”在促进上海产学研深度融合，提高科技成果转化水平上积极发挥了“铺路石”“呐喊者”与“助跑者”的作用。

为进一步体现上述“上海产学研奖”的办奖宗旨，我们从以往特别是近年获奖项目中挑选了若干代表性较强的典型项目，撰写了12个案例编辑成书。每个案例由“合作方简介”“合作过程”“合作模式”“各方收益”四部分构成，并请有关专家做了简要点评。编撰者力求用通俗简练的语言展现每个案例的立体全貌、内含的成功要诀，以求阅读者阅读时，对案例有一清晰感觉，阅读后还留有基本印象；产学研合作实践者细读后则有所回味，有所启发。编撰者力图避免将产学研合作写成枯涩的“技术汇报稿”或“产品小说书”。

本书是讲述产学研深度融合，实现科技成果转化“新故事”的尝试。由衷感谢我会倡立者、市十届政协主席蒋以任为本书作序，由衷感谢案例创建者的素材提供，由衷感谢上海老新闻工作者协会朱大建会长、孙洪康原会长的大力支持，尤其是孙洪康、洪梅芬、张持坚、李文祺、潘新华、张秀华、蒋心和、俞亮鑫各位撰稿老师的辛勤劳作，由衷感谢张功镀、沈伟国、孙正心、施剑林、吴寿仁、张培志、郭青、范铠、蒋伟忠、沈恒根、程武山、陆文雄等各位专家为本书案例画龙点睛撰写点评，由衷感谢上海科学技术出版社对本书出版的大力支持，由衷感谢其他为本书编撰出版费心出力的朋友。

今年正值科促会创立20周年，我们谨以此书作为纪念，并由衷感谢老领导、市十届政协副主席、上海市教育发展基金理事长王荣华，市政协历届分工联系的副主席钱景林、方慧萍、张恩迪、金兴明、吴信宝、钱锋等。感谢曾经在科促会工作过的老同志、年轻同志，尤其要感谢上海市教育发展基金会的领导和同志们在20年真诚合作中给我们的大力支持。

目录

C919
C919

案例 1

为了国产大飞机早日腾飞

上航公司与上大机自学院大数据运用产学研合作案例

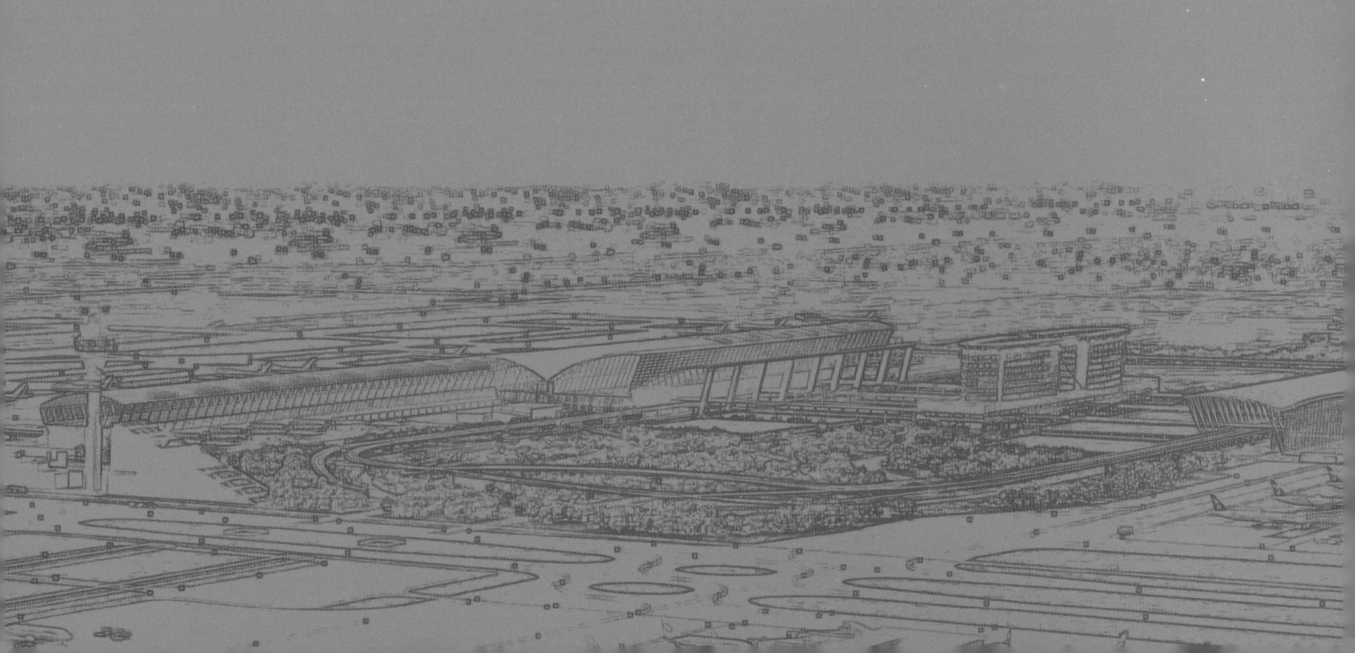

合作方简介

上海航空工业（集团）有限公司

上海航空工业（集团）有限公司（简称“上航公司”）成立于 1984 年，2008 年 5 月随“把大飞机搞上去”的国家战略整建制划入中国商飞公司。2013 年，中国商飞公司对上航公司明确定位：为中国商飞的客机研制与运营全过程提供统一的信息化和标准化数据管理、情报档案、质量审核、事故安全调查、审计等基础能力保障。上航公司现有职工 700 多人，研究生以上学历人员占职工总数的 53.6%，中高级职称人员占职工总数的 51.6%。在中国制造数字化转型战略的推动下，上航公司迅速集聚，应用大数据、物联网、人工智能等前沿技术资源，有效发挥了在中国大飞机研制过程中的特殊作用。

上海大学机电工程与自动化学院

上海大学机电工程与自动化学院（简称“上大机自学院”）成立于 1999 年，是机、电、测、控多学科交叉交融的新型学院，拥有智能制造及机器人重点实验室、机电一体化工程实验中心、航空制造及装配自动化协同创新中心等研发基地，在智能制造领域的科研成果显著，促进了一批智能制造在企业实际场景的落地，在推动上海制造业数字化转型上发挥了积极作用。曾获上海科技进步二等奖等荣誉。

自 2022 年以来，全国多个机场都出现了国产大飞机 C919 的身影，截至 2023 年 1 月份的数据显示，C919 现有订单数已经超 1 200 架。这标志着，具有完全自主知识产权的国产大飞机量产在即，中国已跻身能生产大型客机国家行列，航空公司要买大飞机，除了空客和波音，还有中国的 C919 可选。这个中华民族梦寐以求的夙愿的实现是国家强盛的必然，是集举国之力，八方协同的结果，其中凝结着上航公司与上海大学精诚合作，用大数据串联大飞机制造诸环节的功绩。

航空业界所说的大飞机，一般系指 150 座级以上、起飞总重超过 100 吨的民用客机。大飞机是现代高新科技的高度集成，涉及新材料、现代制造、先进动力、电子信息、自动控制、计算机等众多领域。

大飞机制造是一个极其庞大、极其复杂、极其精密的系统工程，它要用约 100 多万个紧固件，将总计 200 多公里长度的电缆线，以及 500 多万个大小各异、形态各异、功能各异的零部件有机组合成一个“巨翅鲲鹏”。一声呼啸，“巨翅鲲鹏”直冲云霄，展翅翱翔蓝天，几小时、十几小时后在目的地安全降落。大飞机制造集中显示一个国家工业与科技的整体水平。中国制造大飞机是对“中国制造”最高等级的挑战，这一挑战的核心是效率之上的高质量，大数据技术的有效应用成为实现中国“大飞机梦”的捷径。上航公司与上大机自学院以往曾有过合作，“大飞机梦”又将两家“姻缘一线牵”，“提升飞机研制能力的大数据应用示范工程建设”成为他们再度合作的载体与目标。

合作过程 并肩前行，同步探路拓荒

深入现场，摸清“庞然大物”

2015 年 10 月，合作项目正式启动，作为“飞机制造大数据应用示范工程”，无先例可循。面对大飞机制造这一“庞然大物”，该从何处着手？经商议，上航公司与上大机自学院决定首先解剖“庞然大物”，即划分生产场景，而后一一细究。

首先，上航公司研发人员与上大机自学院师生分别“补课”，对飞机制造业相关基础知识进行学习，再学习，以对“庞然大物”先有一个基本概念。在此基础上，双方一起多次前往祝桥基地、大场基地、龙华园区、张江园区、紫竹园区等，下车间，走库房，看设备，访一线工人，深入了解各业务现场的状况。前后用了一年时间，双方基本摸清了大飞机研制全过程的“五大现场”，即设计现场、采购物流现场、生产现场、试飞现场、客服维修现场，同时掌握了各个现场的业务板块、工作流程与数据源头辨识。

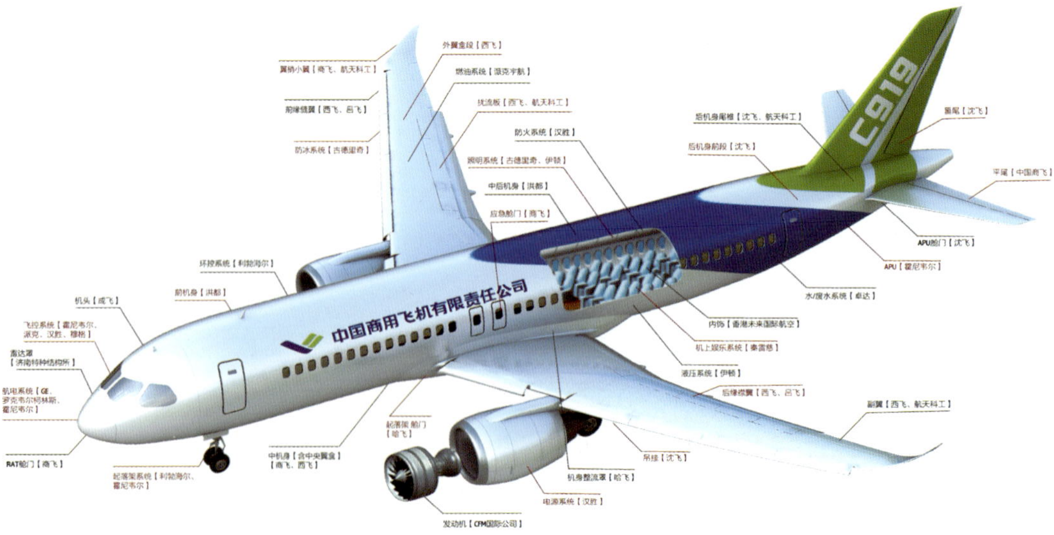

复杂的民机制造

细致磋商，确定合作分工

摸清“五大现场”的基本业务后，双方探讨了合作方案，根据“建设大数据应用平台”这一目标，明确了各自任务分工。上航公司主要负责提出“应用平台”的总体框架结构、各板块功能目标及其研究重点等，同时全面采集“五大现场”的业务数据，将数据分门别类，形成数据集群，提交上大机自学院。上大机自学院根据上航公司的需求和数据，用大数据技术进行分析论证，提出“最短路径”算法、编程等内容的解决方案。双方用半年时间完成了约定任务。

不畏艰难，攻克“华山天险”

接下来合作团队要完成的工作可谓“质”的飞跃，需要完成从分类数据到应用平台的技术实现，即将分散在各业务板块的数据汇总到统一平台，打通数据壁垒，打造“数据库”，完成大飞机研制核心数据的统一存储、统一整合和统一建模，实现各现场、各环节的“数据协同”。上航公司与上大机自学院发挥各自优势，紧密协同，最终基本建成覆盖中国商飞大飞机研制“五大现场”，满足高效率高质量要求的，包括类似系列 APP 集群的“大数据应用平台”。

精益求精，追求“尽善尽美”

2018 年 6 月，“飞机制造大数据应用示范工程”通过上海市经信委验收。上航公司与上大机自学院并未停步，而是向着新目标继续前进。一是数据可视化。项目团队根据大飞机研制“五大场景”的类别需求，进一步浓缩、转换、组合大数据，使之层次更分明，体量更轻盈。在“数据库”基础上，研究采用几何交换、面向像素、图像等技术，对“应用平台”的各类数据集群进行三维立体展现，使之更直观，更明晰。既促进了工作效率，又使民航监管部门、有关客户可以直接了解大飞机研制与运营的过程状态，进一步赢得了信任。二是数据智能化。为进一步挖掘“应用平台”的潜力，节约人力成本，项目团队深入研究，采用计算机算法提升工作水平。如运用自然语言处理、机器学习技术，实现了“机器阅读、文档解析”；运用特征提取、机器学习技术，实现了“三维辅助设计”；运用聚类分析技术，深化了对出现问题的“根本原因分析”；运用神经网络、深度学习、关联分析技术，加强了“故障预测”等，明显提高了大飞机研制、运营的效率与质量。

合作模式

各尽其责，力求合作高效

上航公司发挥企业主体作用

善于“寻图索骥”

上航公司十分关注来自政府部门的信息，2015 年 9 月，上海市经信委发布科研课题指南，上航公司选择了符合企业发展方向，且契合自身优势的相关“提升飞机研制能力”的课题。揭题后，上航公司决定邀请在机电工程与智能制造领域实力雄厚的上大机自学院为合作伙伴，双方一拍即合，共同申报“提升飞机研制能力的大数据应用示范工程建设”，并由此开启了长达 3 年的产学研合作。

始终“策马扬鞭”

上航公司作为合作项目的主研方，怀着“让国产大飞机早日飞上蓝天”的强烈使命感，自我加压，积极主导“应用示范工程”的高效有序开展。在前期，公司认真策划整体方案，包括总体目标、阶段目标、步骤节点、双方分工、资源保障等重要内容。在实施过程中，公司一马当先，精心安排组织业务现场调研、业务场景挖掘、业务需求分析、解决方案设计，并全力落实到位。同时充分发挥对方优势，尊重对方意见，

研发设计骨干成员工作现场

项目最后调试阶段

感谢对方贡献，主动协调解决相关问题。后期则认真总结过程经验，准确评估项目成果，细心准备项目验收，从而圆满实现了合作项目的预期目标。

勇于“披坚执锐”

为保证合作项目成功，上航公司集中全部优势，全力以赴。人力上，动员调集了全部技术研发骨干积极投入。财力上，自筹并积极争取政府部门经费支持，合作项目总经费达 800 万元。物力上，提供了合作研发所需要的全部技术、设备、平台等保障。

合作模式清晰

制定高质量的合作规划

为避免产学研合作短视化、形式化，上航公司与上大机自学院提出了“三重三实”的合作指导思想，即“重视可持续性，实现长期合作；重视能力专长，实现优势互补；重视研以致用，实现场景应用”，确立了“集中数据到平台，整合数据到模型，应用数据到场景”的总体目标，并据此制定了包括阶段目标、组织架构、各自职责、实施步骤、交付形式、验收标准等内容的合作规划，既凸显了合作项目的技术性、实物性和紧迫性，又包含了合作的系统性和长远性。

建立合作组织架构

根据“各尽所长，优势互补”的合作原则，架构了三个层次。“指导层”为由双方共同推荐的经验丰富、德高望重的老专家、老教授组成的“项目指导委员会”，可谓是“智囊团”。“管控层”即合作项目的领导管理层，由上航公司和上大机自学院各明确一位领导担任项目总监，各明确一名科研负责人担任项目经理。“实施层”即

大数据平台研发核心团队成员

研发设计部门团队

双方各自组建的项目工作团队，选派事业心强、能力出众的年轻骨干担纲，带领一批业务底子好、干劲足、钻研精神强的研发人员和师生，落实繁重艰苦的研发任务。两个项目团队分合有度，“分”即各按分工，埋头苦干；基础业务调研、各自研究成果出现后则“合”，体现了“你中有我，我中有你”的有机融合。

明确责权利

根据合作协议，双方一开始就明确了各自的责权利。上航公司除了组织推进整体项目和协调资源外，在具体研发过程中，负责数据资源提供、数据关联组合、数据平台的搭建和整个项目交付系统的开发。上大机自学院主要负责核心技术难点的理论推演、难点攻关、核心算法和技术模型的开发与验证、项目学术报告的编制。项目取得的专利归上航公司所有，上大机自学院可使用。

形成合作机制

为使合作顺利进行，双方根据合作规划，约定并在实践中逐渐形成若干机制，如把握项目进度、决策具体方案的管控机制；项目组定期例会、及时会商的沟通机制；各自设备等资源的共享机制；上大机自学院学生企业岗位实习、优秀毕业生企业优先录用的人才交流机制等，保障了项目合作的有序和效率。

各方收益

合力攀高，最终两全其美

上航公司

实现了技术跨越

通过合作，上航公司补齐了技术上的“短板”，理清了飞机研制大数据资源，掌握了大数据分析模型的构建方法，通过数据集成，实现了飞机零件物料的正向与反向追溯，掌握了飞机三维模型与数据分析集成的可视化呈现技术，减少了大飞机研制的巨大技术协调量，缩短了研发周期，极大地提高了研制效率。

年轻团队迅速成长

此次上航公司与上大机自学院的合作不是一般的联合技术攻关，而是一次攻克“国之重器”研制效率的“珠峰”攀登，这一神圣任务对年轻研发团队产生了巨大激励。同时合作项目又配备了优越的智力资源，年轻团队身后有一批行业领军人物成为他们的“智囊”与依靠。年轻研发团队在专家们的指导帮助下，在“长期奋斗、长期攻关、

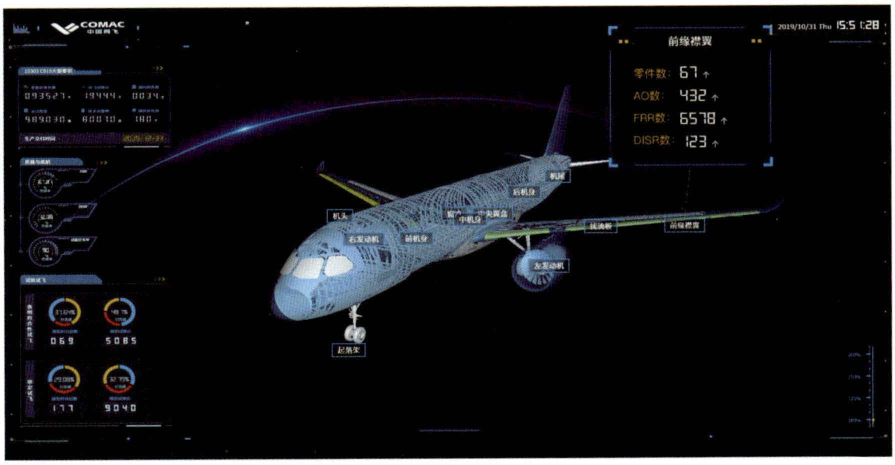

大数据可视化信息平台界面

长期吃苦、长期奉献”的中国商飞精神的鼓舞下，切身感受了“航空强国”的使命感，通过合作项目，创新思维能力、新知识学习能力、攻坚克难能力、沟通协作能力明显增强，成为合作项目成功的决定性因素，并为企业未来发展积蓄了后劲。

社会效益显著

上航公司主导的“飞机研制大数据应用示范工程”圆满成功，不仅使中国商飞的大飞机“如虎添翼”，总体研制水平迈上新台阶，还推动了大数据技术在制造业尤其是高端装配、离散制造业的应用突破，为我国转变经济增长方式、高质量发展提供了范例。同时，这一以企业“居高立标、自知不足、躬身求贤、坚持主导、成果共享”为核心内容的产学研深度融合案例，鲜明体现了“理念创新、机制创新、技术创新”的企业发展战略，是贯彻党中央关于“国有企业是实现创新驱动发展战略生力军”要求的生动实践。其实践理论成果因此获得了全国国企管理创新优秀论文二等奖、上海市企业管理创新成果一等奖、上海产学研合作优秀项目奖特等奖，对国有企业高质量发展具有重要借鉴意义。

上大机自学院

增强了师生的实践能力

上大机自学院以机、电、测、控多学科交叉、一体化研究见长，在智能制造科研上起步早，实力雄厚。大飞机制造是最典型的高端离散、机电一体化智能制造，与上

项目实践中的人才培养

航公司合作，用大数据技术提升大飞机研制能力，对上大机自学院来说“千载难逢”。参加合作项目的师生团队将所学知识和科研成果用于企业实践，突破难题，成就感油然而生。同时由于深入了解了专业知识的应用场景，今后的学研方向更加明晰，学以致用能力、不断学习能力等明显增强。

促进了学科进步

通过项目合作，上大机自学院在智能制造关键技术、大数据平台、数字孪生技术方面取得突破，形成了系列学术论文、专利等科研成果。“智能制造信息物理融合技术及在复杂产品和复杂工艺中的应用”获 2018 年上海市科技进步二等奖，研制的多传感融合的智能感知系统在宝钢 1580 车间、中国商飞全面应用，并在上汽集团多家高新企业推广应用。

优化了专业教学

上大机自学院将合作项目作为研究生教学的重要内容和环节，将学生作为中国商飞信息化团队的潜在资源，聘请了上航公司技术专家担任智能制造工程专业企业导师或兼职教授，或参与有关教学方案讨论，或参与具体教学，成为外部教学资源。同时，根据对民用飞机研制的深入了解，进一步完善了专业学科发展规划与设置，使专业教学机制更加贴近生动鲜活的企业发展，更加贴近“解决问题”的实际需求，更加贴近“出人才”的教学根本。

C919 飞机首飞成功

专家点评

张功镀

教授，上海师范大学计算机应用技术研究所原所长

本案例展示了上海航空工业公司超前的布局，运用新一代信息技术，挖掘大飞机庞大、复杂、精细的产业链高质量发展的巨大潜能，以大数据技术推动智能制造及航空运营数据管理，实现航空器制造企业的数字化转型。合作成果缩短了我国大飞机制造的研发周期，提高了研制水平，进而增强了国产大飞机的核心竞争力，同时促进了相应学科进步，合作效益丰硕。

本案例的特色是多形式、多项目并举和联合培养形成梯队，采取的合作方式包括课题、论坛和培养计划等，因此，双方得以各尽所长，实现优势互补，不仅取得了优异成果，而且保持着持续的发展和长期的合作。

案例 2

携手攻坚，
实现关键核心技术自主可控

百万千瓦级核电汽轮机低压焊接转子技术
产学研合作案例

合作方简介

上海电气电站设备有限公司 上海汽轮机厂

上海电气电站设备有限公司（简称“上海电气电站”）是我国最早生产发电设备的企业，曾在我国电站装备制造业历史上创造了无数个全球和国内第一的骄人业绩。下属上海汽轮机厂成立于1953年，有着60多年的焊接转子设计、制造及运行的经验积累，具备丰富的焊接转子的技术研发基础和经验，被誉为“中国汽轮机的摇篮”。目前主营产品有火电汽轮机、核电汽轮机、燃气轮机、工业汽轮机等。

清华大学机械工程学院

清华大学是我国顶尖大学，位列国家“双一流”A类、“985工程”“211工程”。其机械工程学院（简称“清华机械学院”）拥有包括5名院士的优秀教师队伍，建有摩擦学国家重点实验室、先进成形制造教育部重点实验室、高端装备创新设计制造国际合作联合实验室等，多次完成国家重大工程项目。与上海汽轮机厂合作的中国科学院院士潘际銮教授，是中国焊接学科创始人之一，带领着一支强大的技术专家队伍，在焊接接头性能测试、残余应力测试分析、接头微观组织分析等方面实力雄厚。

上海交通大学材料科学与工程学院

上海交通大学是全国重点高校，位列国家“双一流”A类、“985工程”“211工程”。其材料科学与工程学院（简称“交大材料学院”）近5年累计申请发明专利1 372项，其中授权860项，多次获省部级以上奖项。与上海汽轮机厂合作的芦凤桂教授，长期从事焊接过程模拟、焊接接头均匀组织力学行为等方面研究，主持过多项重大产学研项目。她带领的技术团队在焊接工艺、焊接设备、焊接接头性能与微观组织分析方面有着丰富经验。

华东理工大学机械与动力工程学院

华东理工大学是全国重点大学，国家“985 工程”“211 工程”优势学科创新平台重点建设高校。其机械与动力工程学院（简称“华理机械学院”）拥有承压系统与安全重点实验室、绿色高效过程装备与节能工程研究中心等教育部重点科研平台。与上海汽轮机厂合作的轩福贞教授曾获国家科技进步奖一等奖、二等奖等。他带领的技术团队在转子结构力学分析、强度安全性研究、焊缝力学性能的测试分析研究方面具有深厚基础。

随着发电技术的进步，核电作为新型清洁能源，已经成为我国的重要发展战略目标，但百万千瓦等级核电汽轮机低压转子尺寸巨大，21 世纪初仅有日本的 JSW 公司能够生产重量达到 200 吨以上的特大型汽轮机转子锻件；国内重型机械厂尚未突破该项技术，因此大型转子锻件严重依靠进口，制约了我国核电发展。

2008 年，为了打破大型锻件的“卡脖子”状况，上海汽轮机厂联合清华大学、上海交通大学、华东理工大学、上海成套院、苏州热工院、上海大学等单位进行产学研合作，针对“大型核电汽轮机焊接转子技术研发及产业化应用”项目进行联合技术攻关。

合作过程

砥砺奋进，十年磨一剑

产学研合作，提高制造水平的源头活水

早在1959年，上海汽轮机厂就开始试验研究焊接转子技术，根据当时国家科学技术发展规划，1962年至1964年期间，在中央机械部的具体安排下，会同清华大学、焊接研究所、中国科学院金属研究所、汽轮机锅炉研究所等单位组成了“产学研”联合攻关队伍，对大型转子的焊接技术课题进行了先期研究试验。历时3年，1964年成功焊接制造了6兆瓦燃气轮机压气机转子。

再度合作，为了不被“卡脖子”

作为汽轮机组的核心部件，转子的质量水平直接关系到整个机组的安全。而大型转子锻件的制造，技术含量高，对工艺装备要求非常严格。继1962—1964年联合攻关后，根据国家核电发展规划，2008年上海汽轮机厂再度携手国内高校开启大型核电低压焊接转子的技术攻关，以解决大规模核电建设中重大的“卡脖子”问题。上海汽轮机厂作为核心主导，协同为大型核电焊接转子的攻关提供技术指导的清华机械学院、交大材料学院、华理机械学院等专家团队，依托各高校技术分析优势，合理规划攻关合作方向，共同攻关大型核电焊接转子。

齐心攻坚，托举成功的曙光

2008至2015年，上海汽轮机厂焊接转子开发团队针对核电低压焊接转子工艺技术开发，先后焊接了不同尺寸、不同批次试验件70余副，环形试验件尺寸从ϕ900毫米至ϕ2 170毫米。为了考核焊接试验件工艺可靠性和接头性能是否满足核电转子

产品应用，清华机械学院、交大材料学院、华理机械学院等产学研合作单位对焊接转子环形模拟件的接头综合性能和质量进行了全面检验与考核。最终，在合作各方的齐心协力下，突破了百万千瓦等级大型核电汽轮机低压焊接转子的技术难题，并实现了产业化应用。

深化合作，成功诞生“最大转子”

上海汽轮机厂自主设计的“华龙一号”核电低压焊接转子由 8 个锻件焊接而成。为了进一步验证焊接工艺技术在产品转子上的应用可移植性，上海汽轮机厂设计了局部 1 ： 1 试制件代替整根转子的技术方案。

2016 年 1 月 21 日，受上海电气电站委托，中国核能行业协会在北京组织召开了由上海汽轮机厂“华龙一号”汽轮机低压焊接转子局部 1 ： 1 试验件替代整体转子焊接试验的方案评审会。专家委员会一致认为试制件试验代替整个焊接转子试验方案可行。

2016 至 2017 年，上海汽轮机厂再度联合清华机械学院、交大材料学院、华理机械学院，开展局部 1 ： 1 试制件焊接接头各项力学性能的测试分析。结果表明上海汽轮机厂“大型核电汽轮机焊接转子产学研技术攻关成果”可完全应用于大型核电焊接转子的生产制造。

2017 年，承担着国家“一带一路”核电走出去战略的首根“华龙一号”核电低压焊接转子试制完成，各项性能指标均很好地达到了设计要求。截至 2018 年 10 月，上海汽轮机厂已完成 4 台套机组共计 8 根核电低压转子的焊接制造任务，实现了大型核电焊接转子的批量化制造。

首根出口“华龙一号”大型核电低压焊接转子完成叶片装配

合作模式 企业主导、院士挂帅的合作模式

产学研，以“产”为主

变“政策指令型”为“企业主导型”

上海汽轮机厂经过多年的产学研合作发展，已经由最初的“政策指令型的合作模式”转变为“以企业为主导的合作模式”，企业根据自身技术与产品研发的需要去寻找社会科技资源进行科技研发合作。该产学研合作模式以企业为主体，合作项目以产品的研发为目标，以市场需求为导向，以高校与科研院所为技术依托，共同推进产业发展。

以问题为导向，借助优势资源，进行专项攻关

为了完成“大型核电汽轮机低压焊接转子技术研发及产业化应用”的最终目标，上海汽轮机厂在相关技术研发中善于发现技术难点，由此提出问题，并以问题为导向，借助有优势资源的高校及科研单位进行专项攻关。

寻求优势互补、合作双赢

在与各高校和科研单位建立合作关系的基础上，作为合作主体的上海汽轮机厂，始终寻求实现优势互补、合作双赢。在此项目中，上海汽轮机厂与各合作单位采用签订技术开发合同的方式进行专项关键技术的攻关，并明确技术成果归产学研合作方共同所有，在技术开发合同履行过程中，出现任何困难导致开发失败或者部分失败的，由产学研合作方共同承担。

科研领航，机制作保障

总工负责，各司其职的组织构架

“大型核电汽轮机低压焊接转子技术研发及产业化应用”项目是上海汽轮机厂的

战略性项目，厂领导高度重视，项目由厂副总工程师挂帅为专题负责人，厂技术骨干组成具体执行和实施团队，推进项目的有序开展。

高校与科研单位由学科带头人作为研究方项目负责人，带领由教授、年轻教师、博士后、研究生组成的专业技术团队，对大型核电汽轮机低压焊接转子项目中的关键技术进行研发攻关。设立院士工作站，组成专家技术团队对整个项目的技术进行指导评估，确保关键技术的成果转化。

建立上海电气院士工作室

为取得联合攻关的最大效益，上海电气集团特邀潘际銮院士挂帅，建立上海电气院士工作室，并签订“上海电气院士工作室合作协议”。明确院士工作室下设院士工作站。院士工作站的工作实效由集团干部人事部牵头，组织考核和评估。

相关企业在院士工作室领导小组的指导下建立与本企业实施的重大科技项目相关的院士工作站，定期或不定期向院士工作室领导小组通报情况，听取意见；确定重大项目工作内容、工作规划，并交院士工作室领导小组审批；选配产业发展所需培养的重点科技专业人才进院士工作站；授权可调动企业的相应技术资源，组织相关人员一并进入院士工作站开展工作。

院士工作室的运作经费由上海电气集团列支。

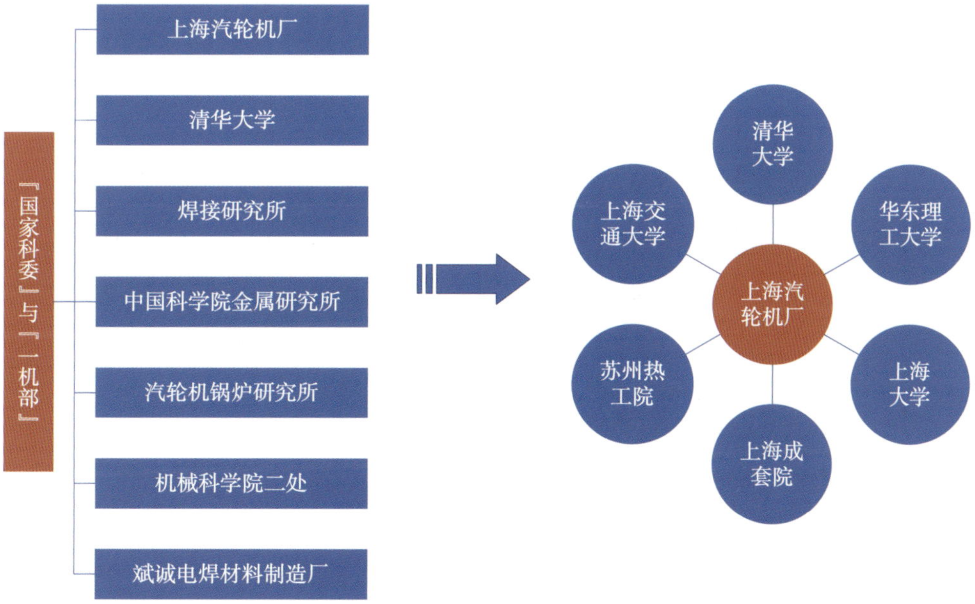

产学研合作模式的转变

组成攻关联合体

以实现大型核电汽轮机低压焊接转子的技术研发及产业化应用为最终目标，利用各方优势资源，组成攻关联合体。上海汽轮机厂作为产学研合作的主体，起“中枢”纽带作用，根据市场需求，针对项目难点、关键点进行梳理总结归类，寻找专业技术团队合作方进行技术攻关，将成果反馈给由院士工作站的专家们成立的专家团队。由专家团队对技术进行评估研判，确保产学研成果的先进可靠，同时共同推进科技创新成果的转化落地。

设立相关制度，确保项目有效实施

项目的产学研合作实施过程中，上海电气电站建立了一套完善的科研项目管理制度和流程。同时还配有专职的科研管理岗位进行科研项目的管理，建立了项目负责人制，从人员、设备、资金各方面确保重大专项的顺利进展。

上海电气电站上海汽轮机厂焊接转子生产制造及技术研发团队

各方收益 合作创新，硕果累累

上海汽轮机厂

技术突破，提升了产业化能力

产学研合作团队针对大型核电汽轮机焊接转子的设计、工艺及无损检测技术进行了专项技术难点攻关，实现了大型核电汽轮机焊接转子产品的产业化应用。上海汽轮机厂目前已经完成巴基斯坦卡拉奇、防城港二期等共计 8 根“华龙一号”核电汽轮机低压焊接转子的生产制造，具有批量化生产的产业化能力。

实现了“核电走出去”的宏愿

合作项目的完成，解决了国内外超大型整锻式百万核电汽轮机低压转子锻件供货难题。采用焊接转子技术后，单个锻件的最大重量不足 60 吨，为国内重型机器厂提供了核电转子锻件供货的机会，有利于实现完全的国产化设计、生产、制造，避免国外供应商的价格垄断，并有效缩短了交货周期。经济效益和社会效益非常可观，至今共计完成了 8 根（4 台套机组）“华龙一号”核电汽轮机低压焊接转子的生产制造，后续又陆续拿到漳州项目、田湾、徐大堡等共计 16 根焊接转子的新订单，为国家“核电走出去”战略提供了重要支撑。2021 年 3 月 18 日，由中国研发的三代核电“华龙一

上海电气电站上海汽轮机厂焊接转子研发团队

首根出口“华龙一号”大型核电低压焊接转子完工发运仪式

号”海外首堆——巴基斯坦卡拉奇 2 号机组成功实现并网，成为中国自主三代核电“华龙一号”海外建设的重大里程碑，也是上海电气参与“一带一路”的重大成果。

加速了人才培养

上海电气电站与产学研合作方签署全面战略合作协议、共建试验基地框架协议，联合培养企业创新人才。项目合作期间，高校的教授不定期到企业进行专项科研进展与技术交流及技术培训，提高企业技术人员的科研技术水平。企业的技术人员也多次到高校实验室进行专项技术沟通，以共同提高研发水平。通过大型核电汽轮机低压焊接转子技术研发攻关，以及对该专题的各个方向的深入研究，加强了青年技术骨干和试验与制造队伍的培养。

上海汽轮机厂逐步培育了一支适应产业发展、能够胜任科技创新任务的科技领军人才和高端人才队伍。在近十余年的产学研合作推进过程中，厂焊接团队中有 2 人晋升为教授级高级工程师，10 余人晋升为高级工程师，20 余人晋升为中级工程师，还有一批高级技师与技师队伍成为工厂产品焊接的中坚力量。刘霞带领的焊接转子团队近年来先后获得 2013 年国家科学技术进步奖二等奖、2014 上海市五一劳动奖章、2016 年工人先锋号称号、2020 年上海市优秀发明选拔赛职工技术创新成果金奖等多项荣誉。

科研创新成果迭出

项目合作期间，先后获得国家科学技术进步奖二等奖、上海市科学技术进步奖一等奖、上海市科学技术发明奖一等奖等，在国内外申请并获得授权专利多项，在国内外专业期刊发表高水平专业论文数十篇。

清华机械学院

在耐热合金非平衡热过程中的微观组织演化与力学性能表征、焊接残余应力等方

清华大学与上海电气电站上海汽轮机厂合作十周年纪念

清华大学合作团队

面取得了多项创新性成果。形成了一支由老中青教师、专职研究人员、研究生组成的能源装备焊接研究团队，共培养博士与硕士研究生 15 名。团队在焊接转子方向共发表学术论文 64 篇，其中 SCI 收录论文 34 篇，申请 / 授权发明专利 6 项，获得中国机械工业学会二等奖 1 项。促进学校教研面向大型、高参数、高可靠性能动装备自主制造的国家重大需求，承担相关理论研究和新材料、新工艺实践研发。

交大材料学院

形成了一支由教授、年轻教师、博士后、研究生组成的焊接转子技术研发团队，该团队具有成长性和长期发展性，为研发工作提供了人员保障。校实验室具备满足焊接转子组织分析、性能测试、精度计算等方面的设备及软件，形成了针对焊接转子的性能评价体系。还针对本科生和研究生开展了大型构件焊接性及断裂力学相关的课程，共培养博士生、硕士研究生 10 人。基于该产学研合作发表论文 20 余篇，申请专利 8 项。

华理机械学院

取得了核电汽轮机低压转子技术研究的显著成效。培养了一批优秀人才，其中国家杰出青年科学基金获得者 1 名，国家优秀青年基金获得者 1 名，团队成为开展核电汽轮机转子焊接技术研究的重要力量。学科带头人涂善东教授，当选为 2019 年工程院院士。产学研合作还有力地支撑了“承压系统与安全”这一教育部重点实验室的建设；共培养研究生 15 人，其中博士生 5 人。还合作发表了学术论文 17 篇，其中 SCI 收录论文 11 篇。

上海交大材料学院合作团队

华东理工机械学院合作团队（左起第十位涂善东老师当选为 2019 年度中国工程院院士）

专家点评

沈伟国

高级工程师，上海科技投资公司原董事长

此案例中，上海汽轮机厂运用 60 多年的技术和经验积累，携手清华大学、上海交通大学、华东理工大学等高校，埋头十年合作，成功攻克大型核电汽轮机转子焊接技术难题，为我国自主三代核电“华龙一号”成功步入“一带一路”重大项目建设作了重要贡献。

此案例的最大亮点，一是企业站位和眼光高远，瞄准顶尖难题，充分发挥主体作用，锲而不舍，长期奋斗。二是企业善于争取众多优势高校组成“攻关联合体”，不断滚大“合作雪球”，使自己的实力倍增。三是各合作高校以突破国家“卡脖子”难题为己任，尽其所能支持企业，确保了合作终获成功。此案例堪称我国以产学研合作促进高质量发展的成功典范。

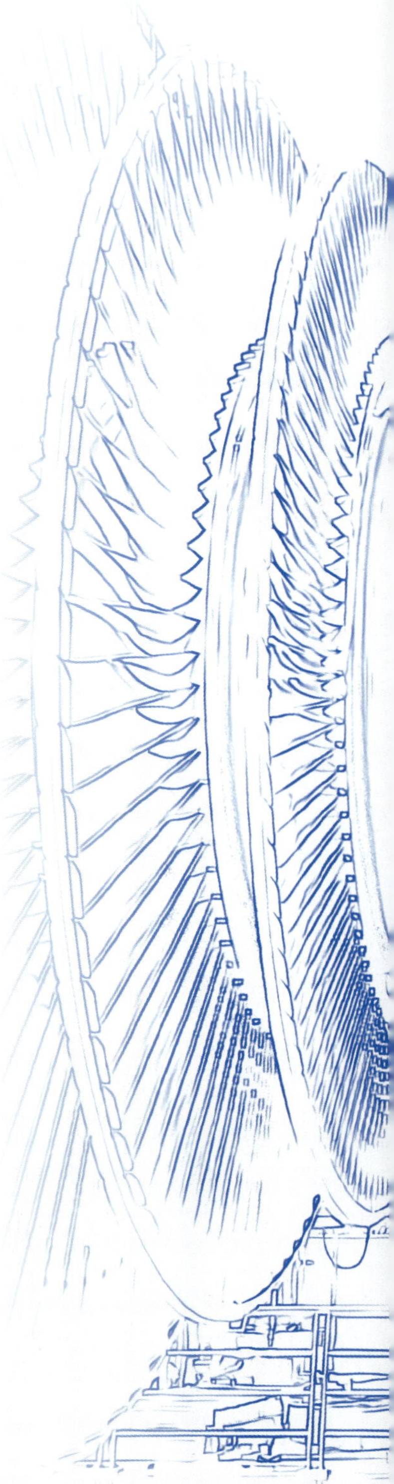

案例 3

强强联手，问鼎青蒿素人工合成

复星医药“产学研资”国际合作案例

合作方简介

上海复星医药（集团）股份有限公司

上海复星医药（集团）股份有限公司（简称“复星医药”）成立于 1994 年，主业为制药、医疗器械研制与医疗服务等，2017 年至今居中国生物制剂行业综合研发实力排名前五，凭借其在小分子创新药、单克隆抗体生物创新药等研发投入及成果，在“2020 中国生物药研发实力排行榜”排名第一。

上海交通大学

上海交通大学（简称“上海交大”）创立于 1896 年，17 个学科入选国家“双一流”建设学科，位列全国高校第四。其下属化学化工学院前身为 1928 年成立的交大化学系，现有中科院院士 6 人，建有多个国家重点实验室，多次获国家自然科学、国家技术发明二等奖，化学与化学工程技术学科在全球学术排名前 100 名之列。

比尔及梅琳达 · 盖茨基金会

比尔及梅琳达 · 盖茨基金会（简称“盖茨基金”）系全球最大的慈善基金会，由微软创始人比尔 · 盖茨夫妇于 2000 年创立。截至 2020 年，其在全球 135 个国家（地区）捐赠资助累计 548 亿美元，主要用于全球健康项目，2007 年开始与中国开展艾滋病、结核病、疟疾防控等合作。

天道酬勤，复星医药、上海交大与盖茨基金因疟疾克星青蒿素而聚首。疟疾系严重危害人类健康的寄生虫病，与艾滋病、结核病一起被世界卫生组织列为全球 3 大公共卫生问题。人类为战胜疟疾不断探索，终于发现青蒿素对付疟疾最为有效，我国著名药学家屠呦呦成为发现青蒿素第一人，2015 年获得“诺贝尔生理学或医学奖”。然而青蒿素的原始制备来自天然植物提取，成本高，产量低，因此人工化学合成青蒿素便成为科学界的重大课题。

为攻克这一难题，做大、做强青蒿素产业，造福人类，复星医药携手交大、盖茨基金，走上了“产学研资”的国际合作之路。

合作过程

同道者不期而遇

多年寻求，终遇同路伙伴

早在 1981 年，复星医药旗下“桂林南药”就开始拓荒，研制青蒿素衍生物“青蒿琥酯”，1987 年，注射用青蒿琥酯获当年 001 号中国新药证书。但由于青蒿素结构复杂，天然植物中青蒿素含量很低，又难以直接人工合成，复星医药苦苦探索 20 年，无法突破。

2012 年 7 月，上海交大张万斌教授团队宣布，历经 7 年探索，首次实现由生物发酵制备的青蒿酸到青蒿素成品的人工合成。该方法合成线路短，合成物收率近 60%。获此佳讯，复星医药第一时间找到上海交大，商谈成果转化。

此时，其他药企也蜂拥而至。经过比选，上海交大与复星医药“握手”，签署了“关于青蒿素高效人工合成技术的合作协议”。

协力攻坚，难题得以突破

校企签约后，双方紧锣密鼓，顺利完成“三级跳”：从实验室 50 毫升规模的小试，进入 3 升放大试验，证实了技术的可行性，再进一步放大至 30 升，完成可工业化验证，

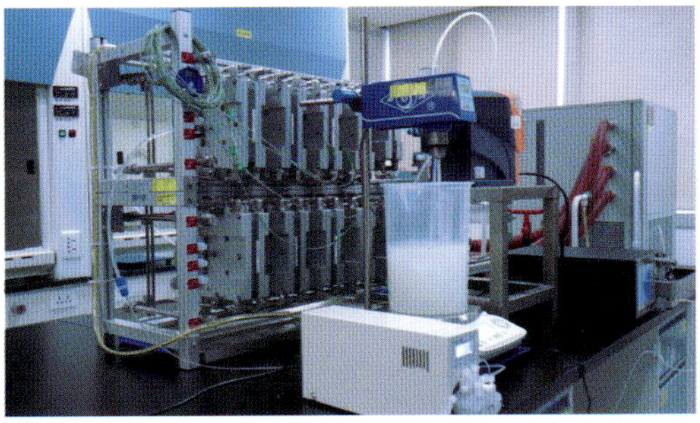

项目研发实验室

项目研究所用设备

最终成功完成了 300 升中试研究。这不仅是数量的增加，而是跨越式的技术革新，即从实验室的试管技术，到车间的反应釜技术，再到最先进的连续流技术，前后用了 14 个月，产品质量优于著名的赛诺菲公司产品。

喜出望外 研发获得国际资助

此时，赫赫有名的盖茨基金虽拥有人工合成青蒿酸技术，但未打通由青蒿酸到青蒿素的人工合成通道，无法获得高质量、低成本的青蒿素抗疟药物。2017 年，盖茨基金从中国商务部、国家卫健委获悉复星医药与上海交大已突破瓶颈，大为惊喜。2018 年 7 月，盖茨基金决定无偿向复星医药提供美国最新的康宁高通量微通道反应器设备，以升级连续流工艺，同时资助 45 万美元（约人民币 328 万元）配套资金，冲刺青蒿素产业化的“最后一公里”。

复星医药与上海交大虽突破了人工合成青蒿素技术，但仍不能生产青蒿素的前端产品青蒿酸，盖茨基金介入后，全产业链被贯通。三方迅速消化对方的优势资源，进行了多批次试产，质量符合 WHO 最新标准，产品达到设计最高水平，而且技术可以无极放大。2019 年 8 月，项目通过了盖茨基金组织的国际验收，着手筹备产业化生产。

复星医药后续又扫清了人工合成青蒿素的所有技术障碍，即将规模化生产。

合作模式

同道者合有章法

制定合作规划

2013 年，复星医药与上海交大合作之初，制定了“三步走”的规划：2013—2015 年，复星医药承接上海交大转化技术，建立由青蒿酸到青蒿素的实验基础。2015—2018 年，对标国际先进技术，完成设备、技术工艺更新，解决人工合成青蒿酸难题，再转化为青蒿素。2018—2021 年，完全具备青蒿素产业化技术条件，准备大规模生产。

2018 年盖茨资金介入合作，复星医药又制定了“两阶段”的规划：先获得盖茨基金提供的人工合成青蒿酸最新技术，同时用好设备更新的资金资助、技术辅导等。再借助盖茨基金的运作，摆脱原料进口被“卡脖子”的窘境，开辟产业化后青蒿素药物的国际市场。

建立合作架构

一是决策层，复星医药董事长、上海交大校长、盖茨基金中国项目经理为各方第一责任人，定期磋商，负责就重大资金投放、重点技术攻关、重要人事安排等重大问题做出决策。

项目团队成员

项目团队讨论技术研发方案

二是研发层，领衔人为复星医药下属重庆医工院雷皇书教授、上海交大张万斌教授、盖茨基金 George Wong 教授，负责合作的技术事务，聚焦技术瓶颈，组织科研技术人员按照规划要求，推进落实。

三是支持保障层，负责建立研究生实习基地、承接盖茨基金委派技术顾问、财务、风控与合规、知识产权等事务。

沟通协调这三个层次的总负责人是复星医药产业公司董事长李显林、高级总监杜克洪，以确保整个合作的有序和效率，也体现了产学研合作中的企业主体地位。

明确合作中各方的责权利

复星医药负责促进项目产业化，提供土地、厂房、人员、设备、配套资金，支付上海交大技术转让费。拥有项目技术独家使用权、上海交大后续开发的第二代催化技术优先受让权等。享有与交大共同开发的技术产权和收益、盖茨基金提供技术的收益等。

上海交大负责技术的后续研发，完成小试后，向复星医药移交技术，指导复星医药中试、技术放大，研制第二代化学合成青蒿素催化剂。拥有成果专利。按比例享有青蒿素产业化后的销售收入。

盖茨基金负责将最新生物合成青蒿酸技术无偿提供复星医药，并给予资金支持，协调 WHO、原料供应商与复星医药三者关系，将复星医药产品纳入其全球营销体系。享有复星医药青蒿素产品定价的参与权。

青蒿连续流研究项目组成员

各方收益

同道者各得其所

通过 8 年合作，复星医药、上海交大、盖茨基金均有理想收获。

复星医药

提高了技术生产效益

通过合作，复星医药在国内率先掌握了处于世界先进水平的连续流工艺技术，将人工合成青蒿素技术由 3 升的实验室水平提升至“公斤”级水平，技术产出放大了 3 000 倍。

用传统方法生产，以目前我国每年生产青蒿素 230 吨为例，需约 8 ~ 10 万亩农田生产原料（农田流转使用成本约每亩 450 元，共需 3 600 万 ~ 4 500 万元），8 ~ 10 万吨生产辅料石油醚（每吨 7 000 元，共需资金 5.6 亿 ~ 7 亿元）。人工合成产业化后，这两项支出便可省去。

采用连续流工艺技术后，同样生产 230 吨青蒿素，每公斤直接成本将由 1 200 元降至 900 元，产生直接效益共计 6 900 万元。更重要的是一举解决了传统生产方式高污染、高风险、隐患不断的问题，走上了绿色生产之路。

同时人员也大为减少，以复星医药为例，传统反应釜合成需要 150 人，按连续流集约技术模块生产仅需 50 人。

增强了企业国际化能力

一是创新延伸能力。复星医药在上海交大技术基础上，二度创新，使产品合成收率又提高了 6 ~ 8 个点，并获得了“一种二氢青蒿酸的精制方法”的专利。并举一反三，将连续流技术运用其他新药研发，短短三年时间，开发了包括对付“新冠”病毒的瑞德西韦等 6 个新药。

二是运用政策能力。重视围绕国家发展大局，了解并运用好政策，几年中直接获得了国家重大专项、上海地方政府配套资金、上海市经信委支持项目等多项资金扶持。

三是集聚国际资源能力。注意发现可用资源，主动争取合作；注意了解分析科技前沿、市场动态信息，不断扩大和巩固相关合作。

提升了整体生产水平

通过与盖茨基金的合作，复星医药引进了国际化医药产品质量管理体系，更新了生产设备和工艺流程，全面提升了企业生产管理水准，将一个传统型企业变为现代企业。如明确规定生产各环节所有记录必须进入管理系统，禁止人工手写，以可检查、可追溯。以前对生产杂质忽略不计，现在所有杂质，哪怕只有百分之零点几，都必须以结构式列出，然后研究解决，保证质量达到国际一流标准，领导层和作业员工层的质量意识和质量能力因此大为增强。

促进了企业人才培养

通过与上海交大、盖茨基金紧密合作，不光引进世界级专家 1 人，培养了正高级职称专家 3 人，副高职称专家 5 人，还使科研队伍了解了国际水平，开阔了眼界，知晓了自身不足，产生了加快提高的动力，整个人才队伍的水平明显提高。

上海交大

充分体现了科研价值

人工合成青蒿素可以解除众多疟疾病人之痛，一直是国际医学医药界的奋斗目标。上海交大科研团队耐得住寂寞，经过 7 年不懈努力，完成青蒿酸到青蒿素的人工合成，使复星医药和盖茨基金如获至宝，最终合作完成疟疾克星——青蒿素的人工合成，实现了用科学精神和科学方法造福于人类健康的神圣初衷。

增强了科研能力

“论文至上”“科研与生产不够契合”长期以来成为阻碍高校科技成果转化、科研人员和教师队伍专业提高的瓶颈。上海交大与复星医药、盖茨基金合作完成青蒿素人工合成重大科研项目，将科研人员推向生产实践第一线，将实验室成果置于生产实践的检验，提升了科研人员真才实学，如了解企业技术欠缺、洞察企业需求和竭尽资源实现目标等能力，整体水平大为提高，科研人员中十余人获得晋升和部、市、校级表彰，领军者张万斌教授成为 2021 年中国科学院化学部院士增选 29 名候选人之一。

积蓄了后发优势

上海交大在充分利用科研储备，完成产学研资合作项目的同时，十分重视融会贯通，举一反三，将合作中形成的科研能力，助推团队再接再厉，又研发出第二代化学合成催化剂，使青蒿素生产成本将进一步降低，继续领跑国际最高水平。同时获得了盖茨基金的青睐，盖茨基金决定和上海交大开辟新的合作，资助人类健康的另一个难题——抗结核药的深度研制。2022 年下半年，为进一步打破国际上对原料青蒿酸的技术和产品垄断，又引进了由国际知名教授领衔的青蒿酸发酵团队，进行合成成本控制的最后冲刺。技术完成后，将实现由中国科学家完成生物合成和化学合成相结合的青蒿素可工业化的全合成工艺。

盖茨基金

彰显了办会宗旨

盖茨基金原先虽拥有抗疟疾药中间体青蒿酸的合成技术，但无法完成终端产品青蒿素。与复星医药、上海交大合作成功，实现了为人类健康攻克难题的夙愿。

青蒿素的全球供应有望

青蒿素产业化后，产量将大幅提升，有力满足抗疟疾药国际市场的需求，同时将有效平抑青蒿素价格，有利于形成合理的青蒿素抗疟药物的生产、销售链，最终造福于全球数亿患者。

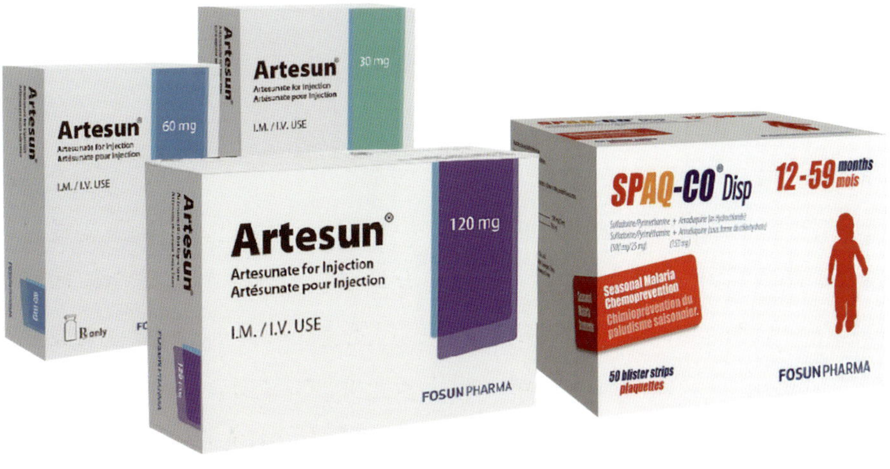

复星医药自主研发的青蒿素类抗疟药覆盖疟疾预防、治疗及危重病人抢救，享誉非洲等全球市场

专家点评

孙正心

教授级高级工程师，上海产学研合作优秀项目奖评审委员会常务副主任

“青蒿素人工合成”是典型的企业为主体，“二十年磨一剑”的产学研资合作奋斗篇章。复星医药二十年探寻，上海交大七年拼搏，成果获盖茨基金青睐，最终成功集聚国际资源，完成了全产业链的贯通，开拓了“产学研资”的国际合作新路。

此案例成功关键在于复星医药和上海交大领导的高瞻远瞩，长期支持产学研合作，敢于挑战“可望不可及”的目标，置身“背水一战”的境地；同时全力以赴，集聚一切创新资源，科学制定合作架构，明确各方责权利益，合力攻坚克难；全过程步履稳健，不急功近利，不投机取巧，一步一个脚印，共同攀高，相携问鼎。

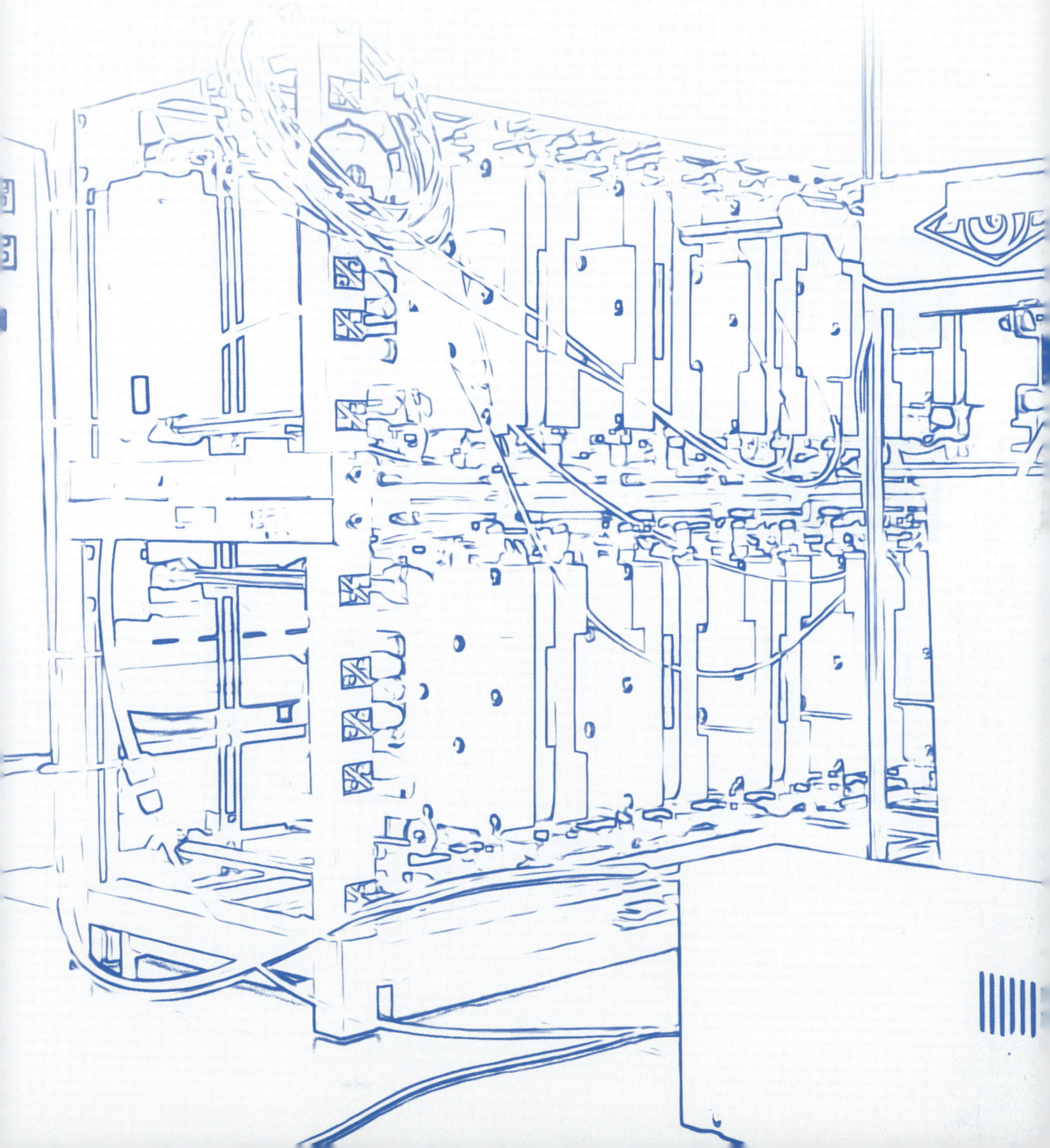

调谐质量阻尼器试验

案例 4

联手攻克阻尼器，打造摩天大楼的“定海神针”

上材所、同济土木学院、机施公司产学研合作案例

合作方简介

上海材料研究所

上海材料研究所（简称“上材所”）源于 1946 年成立的“材料性能试验室”，现已发展成为上海市新材料高科技企业。拥有国家级检测中心、上海市重点实验室和工程技术研究中心，以及一支高学历、高职称的科研队伍，是国内最先开展消能减震技术和产品研发的单位，20 世纪末，上材所转向深耕国产阻尼器领域，产品已在 600 多项建筑、桥梁工程中应用，完成了多项国家和上海市重点科技创新项目，为重点工程解决了十余项关键技术，获得多项国家和市级科技进步奖，其中上海中心大厦项目获上海市科学技术进步第十五届中国土木工程詹天佑大奖。

同济大学土木工程学院

同济大学土木工程学院（简称“同济土木学院”），1930 年设立，是土木工程领域唯一的教育部国家试点学院。现有院士 6 人，正高级职称 133 人，副高级职称 107 人。拥有土木工程防灾国家重点实验室和国际先进水平的地震模拟振动台系统，在消能减震的理论研究和实践方面处于国内领先地位。

上海机械施工集团有限公司

上海机械施工集团有限公司（简称“机施公司”）建于 1958 年，是国有大型建筑施工高端企业。公司擅长高大钢结构、地下结构、城市交通等建造技术研发，创新成果达到国际领先水平，拥有发明专利 40 多项，获得国家和市科技进步奖几十项，并获“中国建筑工程鲁班奖”等专项奖 100 多项。

2012 年 10 月，上材所承接了上海中心大厦（以下简称“上海中心”）阻尼器建设项目。上海中心作为国内第一高楼、世界第二高楼，要在其顶部设置质量巨大的阻尼器，面临诸多世界级技术难题。要完成这一重大项目，保证摩天大楼的绝对安全，上材所深感责任重大。为了打破国外技术的垄断，打造自主研发的用于超高层建筑的阻尼器，上材所、同济土木学院与机施公司强强联手，开展产学研合作，共同打造摩天大楼的“定海神针”。

合作过程　合力攻关，健步行稳致远

锚定目标，大胆尝试

阻尼，是一个物理学名词，指的是力的衰减和能量的耗散，有缓冲之意。阻尼系统主要有油阻尼、黏弹阻尼、黏滞阻尼、电涡流阻尼等，上材所的拳头产品黏滞阻尼器在国内建筑上被广泛应用，但用于超高层建筑中却相形见绌：一是阻尼杆件尺度和质量较大，不适宜安装在超高层建筑上。二是在强力和常遇性风的长期作用下，阻尼器会启动滞后，灵敏性下降，抗摆动能力减弱。三是阻尼比无法调节，耗能巨大，使用寿命有限，维护和更换成本高。而在 632 米高的上海中心上安装则难度更大，因此，上材所决定放弃成熟的黏滞阻尼系统，拟采用先进的电涡流阻尼系统。定下目标后，摆在眼前的首要问题是，谁来落实对创新电涡流阻尼器试验数据的分析测定？千余吨的阻尼器谁能安装落地？经过谨慎考虑，上材所决定取长补短，寻求合作解决。

带着新问题，寻求老朋友

早在 2005 年，上材所就与同济土木学院建立过硕士培养基地，2013 年联合创建了上海消能减震工程技术研究中心，上材所发挥产品研发的优势，同济土木学院保持在土木工程领域的专业高度，两家单位有过愉快的产学研合作。面对高难度项目，上材所决定请这位“老朋友”一起攻关，同时请在高大钢结构安装上的“权威”——机施公司加盟。2013 年 1 月，三方签订框架协议，正式开启合作之路。

稳扎稳打，小步快跑

小模型试验，把握核心难题

确定选择电涡流阻尼系统后，上材所首先制作了 2.5 吨的阻尼器模型，在动态疲劳测试试验机上进行小模型试验，获取试验数据后，反馈给同济土木学院。同济大学结构工程专业吕西林教授是中国工程院院士，三十多年来一直从事结构抗震、钢筋混凝土结构基本理论及高层建筑结构研究，他立即带领同济土木学院项目相关师生对试验数据进行理论分析，充分肯定了电涡流阻尼器构想的可行性，但同时提出了参数测定中的“瓶颈”问题：以往传统操作中，阻尼器为竖直安装，其摆动形态近似钟摆，

研究团队在中试试验现场

摆动过程中产生的高差变化使得试验无法获取恒定参数，因此无法获取“上海中心阻尼器”的实际设计数据。在这之前，上材所也仅在桥梁上应用过电涡流阻尼器，如何将其应用到超高层楼宇中，成为“上海中心阻尼器”研发要解决的最核心问题。

中试实验，变“摆动”为“平动”

既然阻尼器的摆动会产生高差，那将阻尼器变为水平移动是否可以解决这个技术难题？带着这一假设，上材所专门设计了“柔性连接装置”，开始“中试”：将40吨的模型，放置在30米高的框架上，模拟不同场景下阻尼器水平摆动的力度变化，采集到了精准数据。同济土木学院再次对数据进行理论分析，得出喜人结论：“平动”消除了摆动高差，获得了一个恒定的阻尼性能，可作为“上海中心阻尼器”设计的重要依据。上材所闻讯甚喜，立即据此完善电涡流阻尼器的设计、安装方案：在大厦的第125～126层之间，设置一个由12根长吊索悬挂的千余吨的“质量块”，“质量块”下方设置由永磁体和铜板组成的电涡流阻尼系统，当铜板以一定相对速度运动时，铜板的磁通量变化，产生感应电流，也就是电涡流，从而抑制质量块的运动，消耗输入大厦的能量。

图纸变实物，安装与调试

在中试成功的基础上，上材所开发出了自主知识产权的“超高层摆式电涡流调谐

现场调试阶段

质量阻尼器”（以下简称“超高层阻尼器”），制定了详尽的设计和现场安装方案，方案顺利通过了市科委、市建交委的工程应用安全性评估，机施公司随即登场亮相。机施公司曾承担建造过许多国家标志性建筑项目，在新中国建设各个历史时期留下了许多现代工业和城市建设的杰作，例如上海世博中国馆、东方明珠、金茂大厦、广州塔，以及堪称“中华第一穹顶”的国家大剧院……这些工程都可以称为我国钢结构建筑的“扛鼎之作”，机施公司的加入成为“上海中心阻尼器”最终落地的坚实保障。在施工过程中，施工方克服了诸多施工环境的不利条件，如：高空作业、高寒作业、陆家嘴地区的施工时间限制等，施工几乎都在晚上十点后至拂晓完成。上材所与机施公司亲密合作，进行了各部件的拆分、组合试验，通力完成阻尼器的全部安装，并现场实时监测和调试，可谓一丝不苟，精益求精。

有志者事竟成

2015 年 8 月 3 日，重达 1 000 吨的阻尼器在上海中心塔冠部分落成，这是国际上首次将电涡流阻尼系统应用于“超高层阻尼器”中，这一原创的先进技术震动了整个建筑界。电涡流阻尼系统的应用，大大减轻了阻尼器自身重量，最终将阻尼器质量从 1 400 吨锐减至 1 000 吨；通过非接触式制动原理，减少了启动摩擦，延长了阻尼器寿命；且基本不需要任何后期维护，环境适应性和耐久性超强，成为上海中心这座举世闻名的超高建筑的“护卫金刚”。2017 年 7 月“上海中心阻尼器”验收合格，

阻尼器外添加了雕塑“上海慧眼”，可供游客参观

随即正式投入使用，与世人见面。“上海中心阻尼器”项目由此获中国土木工程詹天佑大奖、上海市科学技术进步特等奖、上海市产学研合作优秀项目特等奖等殊荣。

作为上海的地标性建筑，上海中心的全面建成影响巨大，阻尼器所在的第 125 层和第 126 层成为上海中心的观光亮点，让普通民众近距离感受到它的魅力，也向世界展示了“中国制造”的雄健步伐。拔地而起的上海中心在高精尖技术的保驾之下，坚若磐石地屹立在黄浦江畔，让上海这颗“东方明珠”绽放出新的璀璨光华。

合作模式 巧用外力，合作事半功倍

企业真正成为主人翁

审视优势再攀高

上材所是国内最早进入消能减震领域的科研机构，曾研制了国内第一台消能减震产品的高速力学性能试验机，有高水平的试验场地、生产设备，在产品研发上有得天独厚的优势和诸多经验。但上材所历来不固步自封，而是不断挑战自己，接受新任务，瞄准新目标，据此发现自身不足，进而奋发努力，不断攀越新高度。

三顾茅庐求妙策

在知不足而奋发的同时，上材所并不满足挖掘自身潜力，而是善借“外脑”，巧用外力。遇到难题时，领导亲自带队，登门寻找合作伙伴。合作中，注重有效组织产学研交流，主动提出自己的问题，善于听取他人意见，因此在两年多时间内攻克了“超高层阻尼器”这一国际难题，向世界展示了“中国高度”和“中国速度”，企业充分发挥了“强黏合剂”作用。

全力以赴挑重担

作为合作主体，上材所在项目中全力扛鼎，自筹资金，承担了所有的研发费用，资金投入达 1 000 万元，确保了项目研发无资金之忧。同时，在所内建立新的试验场地等，为合作提供一切资源与方便，使得合作进展顺利。

合作模式清晰

建立组织架构，加强领导保障

上材所、同济土木学院确定阻尼器合作项目后，首先依仗刚成立不久的上海消能减震工程技术研究中心，专门建立了领导框架：管理层由上材所所长蔡安定担任管委会主任，同济大学副校长蒋昌俊担任副主任；技术层由专家组成，同济大学土木学院教授吕西林院士担任技术委员会主任；支援层的七个分系统则由相关科研人员组成。领导框架的明确使合作项目有了力量基础。

明确责权利，做到心中“有数”

三方商定，上材所主要负责：提供具体技术要求和指标，协调合作的相关事宜，把控研发过程中的关键技术和时间节点，全程参与产品设计分析、现场安装调试及监测。同济土木学院主要负责：根据上材所提供的试验数据进行理论分析，对减振效果进行评价。机施公司主要负责：根据阻尼器的特性、现场安装条件和整个工程要求，制定安装方案并完成安装，确保整个项目实现预期目标。项目落地后，产生的经济效益则按照协议兑现三方间的合理分配。

形成工作机制，确保有序高效

以“上海中心阻尼器”的研发为导向，三方签定合作协议，以工程技术研究中心为平台，形成合作机制。紧紧围绕研发和设计“超高层阻尼器”总目标，以项目组形式分解总目标，确定节点目标，形成“长计划、短安排”。通过工作例会，就阶段成果和困难进行交流，集思广益，及时调整计划和思路，确保主线的顺利开展。中心日常运转实行主任负责制，研发部、产业部、工程技术部等实行负责人制，承担各自的责任和义务，找时间节点推进任务，形成“分工不分家，全力推项目”的喜人局面。

上海中心大厦

各方收益

合作共赢，三方各获其丰

上材所

企业名声大振

上海中心采用了上材所为主攻克的“超高层阻尼器”新技术，这一技术在世界第二高度建筑物上的高精度安装，使上海中心这一庞然大物在东海之滨熠熠生辉。“超高层阻尼器”技术填补了国内空白，打破了国外垄断，为国增了光，上材所的影响不言而喻。

技术队伍突进

骨干技术队伍全程参加这一重大产学研合作攻关项目，从新任务分析，合作方案拟定，数据采集，数据分析，产品设计、测试、安装、调试、监测到施工落成，他们环环经历，在其中用心用力挑担子，在基础理论、技术实践以及敬业精神方面收获良多，队伍的进步前所罕见。

经济和社会效益剧增

合作项目产品应用于上海中心工程，直接经济效益近 5 000 万元。随着国内对重大基础设施建设安全性的高度重视程度不断加深，“超高层阻尼器”技术以及衍生产品具有广阔的应用前景，未来将持续带来可观的经济效益。

令人欣喜的是，“上海中心阻尼器”作为观光亮点向公众开放后，发挥了科普作用。中央电视台的《大国建造》、上海东方卫视的《未来邀请函》等多个栏目以及众多媒体对这一顶尖技术项目做了大量报道，提升了人们对于超高建筑安全稳定科学技术的好奇与了解，增强了民族自豪感，产生了良好的社会效益。

同济土木学院

增强了师生实践能力

通过项目的深度合作，增强了师生“理论要用于实践，科研成果最终要转化为科技产品”的意识。师生参与了项目全过程，其实践感知、操作动手能力也明显增强。同时，教师的理论运用和指导学生的能力也有新增强，教研水平达到了新的高度。

促进了教研机制优化

“上海中心阻尼器”合作项目推动了校企联动机制的细化，提高了校企合作的运作水平，进一步实现了基础研究、应用开发、工程化研究与技术转移的有机融合。面对企业需求，同济土木学院聚焦“超高层阻尼器”技术系统进行了深入的理论分析、产品生产与安装研究，并首次采用专用软件进行全面、反复、对比论证，明显开拓了研发思路，推进了学科发展。

机施公司

技术水平再登高台

面对空前的“上海中心阻尼器”项目，机施公司克服“经验主义”，振奋精神，对新任务进行全面深入的跟踪了解，根据阻尼器性能，拟定了详尽的“提升—下降—对接”施工安装方案，优化了全过程一系列专业技术，进而完成了史无前例的历史任务，也使自己的管理和技术优势跃上新高度。

技术队伍经历淬炼

在打造核心施工技术的同时，以精细化管理推动项目实施，培养出了一批甘愿“沉”到建设一线的管理人才，企业管理由懂研发、精专业、强管理的科技研发人才完成。机施公司在本项目中经受了高强度、高难度的技术考验，体现了“上海机施人”的执行力基因、诚信基因和工匠基因。

专家点评

施剑林

科学院院士，中国科学院上海硅酸盐研究所学术委员会主任

该案例成功的显著特点是三家单位的优势互补、强强联合。上材所发挥阻尼系统的研发优势，大胆采用并确定了先进适用的电涡流阻尼系统；同济土木学院利用在建筑结构和抗震方面的工程技术积累，发展出“水平移动”创新策略，解决了高层楼宇阻尼器摆动高差的核心问题；机施公司提出针对性的施工方案，确保阻尼器的施工安装和成功运行。产学研三方的精诚合作、大胆创新和团结奋斗，确保了“上海中心阻尼器”项目的圆满成功。

心大厦调谐质量阻尼器试验

案例 5

教授挂帅企业，成果终占鳌头

六晶科技与上大材料学院产学研合作之路

合作方简介

上海六晶科技股份有限公司

上海六晶科技股份有限公司（简称“六晶科技”）于 2006 年 1 月创建，是一家新材料领域科技创新型国家高新技术企业，首创高性能、超精度的射线管理材料和热管理材料，已成为中国乃至世界特种钨、钼合金材料及其相关高精密部件研发和生产的“隐形冠军”和“小巨人”。公司为通用医疗、西门子医疗、飞利浦医疗及佳能医疗等全球性企业提供高端医疗设备关键部件，在国际市场上拥有对钨基高比重合金薄板材料产品的定价话语权。核心技术及产品荣获上海市优秀发明一等奖和第三届国际新材料博览会金奖。

上海大学材料科学与工程学院

上海大学材料科学与工程学院（简称“上大材料学院”）建于 1994 年 11 月，主要承担冶金和材料科学研究，材料科学与工程、冶金工程的本、硕、博及博士后人才培养。拥有高品质特殊钢冶金与制备实验室、省部共建国家重点实验室、材料复合及先进分散技术教育部工程研究中心及上海现代冶金与材料制备重点实验室，是上海乃至全国的材料学领域前沿研究和人才培养的重要基地。

合作过程

独辟蹊径成坦途

遇难求贤，搭建合作平台

六晶科技建立之初，获得了美国通用医疗公司（GE）一项全球招标项目，但由于企业技术水平还停留在传统的热加工工艺，因此无法解决高能耗、高污染、高消耗、低产出的“三高一低”突出问题，以致产品质量不佳，价格低，交货周期长，持续供应困难。一筹莫展之际，六晶科技通过上海科技成果转化促进会“联盟计划”的难题招标专项平台，提出了一项有关钨合金超薄板材的制备工艺及其在高端医疗设备上应用的难题招标项目，希望能获得外部的智力支持，实现自身核心技术突破。上大材料学院朱玉斌教授多年投身射线管理材料、热管理材料新型制备技术的应用研究，正与六晶科技的难题对应。双方自此展开了产学研合作，并发展成为长期合作伙伴。

技术攻坚，初尝合作甜头

朱玉斌教授团队长期以来针对金属铅存在的有毒、强度低和屏蔽性差等问题，以钨基高比重材料为研究对象，探索低成本、短流程的制备技术。通过反复实验后，终于研发出成熟的粉轧—烧结—冷轧“以薄制薄”低能耗、短流程制备工艺，这样的技术正符合六晶科技对钨合金超薄板材的开发应用。工艺技术一投产应用就皆大欢喜，成效显著：一是大大提高了生产效率，生产周期从原来的 20 天缩短为 2 天；二是原材料利用率从 30% ~ 40 %提高到 95% 以上；三是节约能源 70%、节水 45%；四是产品成品率在 95% 以上。这一新工艺技术迅速解决了困扰六晶科技的生产技术难题，并在成立当年就实现了盈利。

教授挂帅，理想成果频出

与上大材料学院的成功合作，让企业切身感受了科技的力量，企业发展的途径与前景豁然开朗。2009 年，六晶科技股东们做出重大决策，聘任朱玉斌教授为公司董事长兼技术总监，全权掌控六晶科技的技术创新发展。至此，具有理论与实践双重优势的朱玉斌教授如虎添翼，双方合作亦大跨一步，决定建立联合研发中心，校企合作呈“合二为一”状态。

2012 年起，上大材料学院与六晶科技共建大学生科研创新实践基地和工程技术研究中心，融合度明显加强，形成了以朱玉斌教授团队为企业核心和主导力量，原始团队淡出的格局。科研人员根据企业发展方向和用户需求，自主选题，优者获准，科研积极性和实践能力大为增强，科技成果频出。企业在钨基高比重合金技术基础上，加大研发投入，将易成型的高分子聚合物材料和屏蔽性能较好的钨、钼等金属颗粒结合在一起，制备出新型钨基高分子复合材料。该材料绿色环保，采用传统注塑成型工艺批量化生产，可实现净成型无缝一体化制备；且具有较好的强度，可替代传统铅 + 钣金类射线管理部件；由于一体成型，可实现形状复杂部件一体化设计，避免传统铅类零件漏射难题；且其性能高于铅及铅合金，还可回收循环使用。该技术的成功研发使企业的核心竞争力迅猛提升，优质产品脱颖而出，市场效益剧增。

坦然转身，两处进出自如

核心技术团队成为企业主导力量后，实现了核心产品的规模生产和良好的市场效应，同时又要求企业经营管理与技术持续研发的“两轮”同步高效。2016、2017 年六晶科技先后引进经营管理人才分别任总经理、副总经理，全面加强企业管理和市场营销。朱玉斌教授则从繁杂的企业管理事务中超脱出来，将主要精力回归其主业——教学与科研，在学校与企业间频繁出入，相得益彰，充分发挥了其“教书育人且善科技成果转化”的“全能型教授”的优势。

合作模式

快马加鞭登高台

企业善于乘风破浪

借机形成新思路

经上海科技成果转化促进会《联盟计划》的对接促成，六晶科技与上大材料学院实现了产学研的深度融合，解决了现实的技术难题，研制出了达标产品，同时也畅通了在低能耗、无污染、高效能创新型高新技术企业的发展道路。公司率先向绿色低碳生产方向转型发展，表现优异，荣获联合国工业发展组织和中国工业经济联合会授予的中国工业行业履行社会责任五星级企业称号。

调整企业结构

六晶科技深知自身在人才、科研、信息等方面不足，积极寻找助力伙伴。随着产学研合作的深入，六晶科技的原创团队逐步退出经营管理，将经营管理权交给掌握核心技术的朱玉斌教授，再逐步稀释股权，让高管团队参股，直至让出控股权，实现了股权结构优化和经营管理转型。

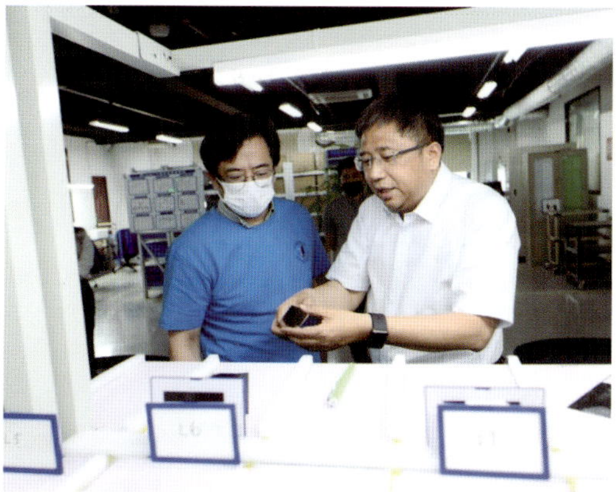

朱玉斌董事长（右）在试验现场

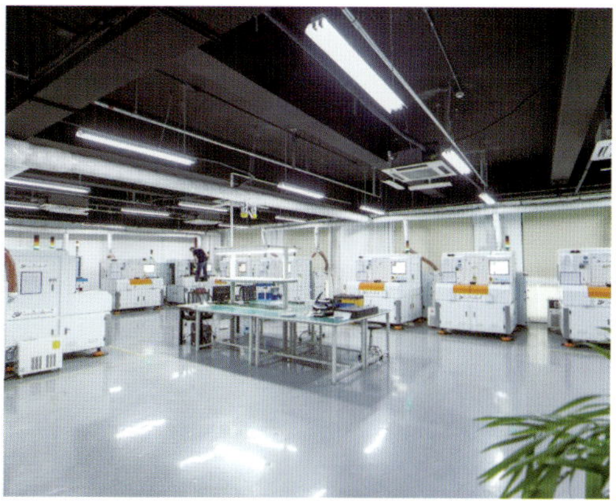

六晶科技的实验室

不遗余力投入

为争取合作的最大成效，六晶科技倾力投入公司全部的技术人员参加项目研发，共建研发中心，提供场地、设施、用料等，支付研发、培训等全部资金。六晶科技出资 100 万元在上大材料学院设立六晶科技创新基金，每年奖励在科技创新上有突出业绩的本科生、研究生和青年教师，营造热烈的科技创新氛围，培养创新人才。

独特的合作模式

校企深度融合

2009 年，经公司股东提议，朱玉斌教授被六晶科技聘为董事长，把控公司创新发展。自那时起，朱玉斌教授具有双重身份，既是上海大学教授，又是六晶科技的董事长兼技术总监。六晶科技与上大材料学院在前三年成功合作的基础上联合建立了研发中心、共建科研创新实践基地、大学生实践基地和工程技术研究中心，逐步形成完善的合作形式。

责权利明确

六晶科技提供科研场地、设施、主要设备、原料、日常运营费用、研发人员薪金、技术团队培训经营等主要投入，收获产品市场销售收入，合作研发所产生的所有知识产权，包括专利申请权、专利权、专利实施许可权、技术秘密转让权等权益。上大材料学院提供科研团队指导和人员培训等技术事宜，学院研究生和本科生获得深入企业科研一线实习和锻炼的机会，同时学院师生拥有发表相关论文的第一单位署名权等权益。

上海大学校长刘昌胜院士（左）走访六晶科技

各方收益

映日荷花别样红

六晶科技

技术水平突飞猛进

六晶科技从当初“三高一低”的传统工艺技术水平一跃达到国际先进水平，填补了国内空白。六晶科技的核心技术“微晶钨基高比重合金材料”获上海市优秀发明一等奖，钨－镍－铁系高比重合金带（箔）材高效制备技术被确认为世界先进水平。利用新材料自主研发的柔性金属高分子复合材料 Softmetal 制作的医用屏蔽服，与传统铅橡胶医用屏蔽服相比，不但极大提升了屏蔽性能，而且更轻、更薄、更柔软，提升了医生手术时的舒适感，解决了现有铅橡胶屏蔽服毒、重、硬的难题。与此同时，企业加大科研投入，2018—2020 年六晶科技的科研经费投入同比 2015—2017 年增长 50%，2022 年研发费超过了年度营收的 14%，企业科技后劲大为增强。企业荣获“专精特新企业”、“小巨人”培育企业、专利试点企业等称号，连续 8 年被评为上海高新技术企业，申请专利 60 多项。公司研发中心被认定为嘉定区企业技术中心。

产品市场效应剧增

六晶科技的核心产品在国内外市场独领风骚，其中新一代医疗 CT 机的重要配件准直器、反散射格栅已被国际著名医疗设备公司稳定采购；大功率散热衬底类产品在国内市场独占鳌头；放射线屏蔽服已成为最先进的白衣卫士们的“软盔甲”。重点采购客户已介入企业产品的前期研发，企业创办之初销售额仅有几百万元，现已增长至 1.2 亿元。

人才队伍颇具规模

企业的健康蓬勃发展有效吸引、激励了人才的引进与科研积极性，企业通过高校教师兼职、大学生实践、联合培养研究生等途径，解决了人才不足的问题。公司目前拥有 100 余名员工，其中研发人员已占企业总人数的 30% 以上，公司的技术实力快速发展，研发能力不断壮大。

企业管理迈上高端

企业摆脱了初创时期由于技术工艺低水平、产品低效益所致的彷徨和烦恼，找到实力雄厚、可以长久依靠的合作伙伴，走上前景无限的康庄大道。科研上的突破带动企业管理的全面加强与转型升级，促进了产业链的完善。企业建立了完整的研发机制，以及适合技术创新的管理体制，将目光聚焦到与上海大学产学研合作及拓展客户方面。逐步将材料制备、零部件等前端产品与外地企业合作完成，延长了产业链。企业上海本部则专注研发、市场和供应链管理，以及精密组装和高端产品的生产和质量控制，提升了企业能级。

公司发展步入快车道

公司的快速发展也得到了产业投资基金的青睐，继早期首轮融资上海创业接力基金成为六晶科技的股东以来，兴富资本、毅达资本相继成为六晶科技的投资股东和发展支撑。2022 年，公司完成了第二轮超亿元的融资，上海国际集团和紫雨资本为六晶科技的未来发展提供坚强的助力和支撑。

2023 年春夏之交，六晶科技完成了对德国 H. C. Starck 集团中国公司的全资收购，该公司是具有百年发展历史的钨、钼等难熔金属行业的国际龙头企业。此举进一步奠定了六晶发展的坚实基础，坚信在六晶和 H. C. Starck 团队的共同领导下，公司将发挥六晶科技产学研开发优势，维系德国百年企业品质基因，借助双方的国际化网络，让德国的百年老店在中国的大地上再创辉煌。

上海大学学生与朱玉斌董事长合影留念

六晶科技与上海大学联合研发中心挂牌

上大材料学院

科学研究结出硕果

上大材料学院通过与六晶科技十多年的紧密合作，教师将课堂上、实验室里的科技理论和试验结果带入企业，制成产品，实现了科研的成果化。研究中心的科研项目团队根据企业发展方向及用户需求，选择并申报研究题目，由企业最终拍板项目落地，展开研发。企业最终通过科技成果转化，将优质产品带入市场，加速了研发成果的产业化转化速度和成功率，实现了高校科研的根本价值。

一批学生“知会双丰”

学生求学最终要能就业，而就业要靠真才实学，“纸上得来终觉浅，绝知此事要躬行”。学生跟随老师高频率地进入企业的生产实践，深化了对专业知识的理解，使课堂上“知”变成了实践中的“会”，就有了真本事，求职就业容易多了。2012 年，双方共建了大学生科研创新实践基地，两名副教授挂职，为相关专业本科生提供实习场所，与企业联合培养硕士、博士研究生。通过在六晶科技的实习，提高了大学生职业素质和就业竞争力。多年来，双方共联合培养博士 5 名，硕士研究生 36 名，其中多名研究生在六晶科技研发部任职，提前进入就业状态，进步更快。有的学生跃上“龙门”，毕业后进入宝钢、西门子医疗、中芯国际、通用汽车、大众汽车、蔡司、施耐德等知名大企业。

成果反哺教学科研

教师团队走出校门，进入企业，将理论、科研与生产融合，检验了他们的真才实学，锻炼了转化实验成果和培育优秀学生的能力，获得了在课堂上不可能的收获，大大提高了他们的教学科研水平。教师深入企业，促成科技成果转化到生产实践，让实验室的成果得到验证并实现，有效增强了教师的科研能力；同时教师又从企业带回了专业理论实践感受，引发新的专业理论思考，既有利于自身水平提高，又有利于专业教学和科研的深化，最终有利于学校的专业学科发展。

校内又增成功典型

新时代要求高校进一步成为基础研究的主力军、原始成果的策源地、科技强国的重要支撑力量。这一重大使命需要各种类型的“领头羊”，上大材料学院朱玉斌教授团队在人才培养、科学研究和成果转化上高度融合，良性循环，取得了圆满成功。这一典型，可以为上海大学加快新改革提供重要借鉴。

专家点评

吴寿仁

研究员，上海科学学研究所副所长

本案例展示了由单一项目研究向科技成果转化的过程，体现了产学研合作的“由点到面”和“由浅入深”，即“项目合作—平台建设—人才培养—教授持股”的递进融合过程。这样的合作过程充分体现了分工有度、优势互补、共享收益的产学研合作机制，也实现了科研人员的“名利双收”。

本案例的最大特色是六晶科技与高校学科带头人——上海大学朱玉斌教授实现的“双重身份，合二为一”。其中“合二为一”的过程，就是产学研合作由浅入深的过程。企业领导人团队的更新，教授团队的控股，有力地推动了产学研项目合作的持续推进。通过共建研发中心、共建大学生科研创新实践基地、共建实验室和工程技术研究中心，实现了产学研的深度融合。

案例 6

攻关轻质合金，装备国家重器

航天精密机械所与交大材料学院产学研合作案例

合作方简介

上海航天精密机械研究所

上海航天精密机械研究所（简称“航天精密机械所”）始建于 1958 年，隶属于中国航天科技集团有限公司第八研究院（简称“航天八院”），为该院先进防空武器综测中心、运载火箭结构件研制基地，也是上海市金属材料近净成形工程中心。拥有一支高学历、高职称的研发队伍。在轻合金研制方面，该所历史积淀深厚，具备以镁合金为核心的轻合金结构件全链路核心技术和研发能力；在新型高强耐热稀土镁合金研发、大型复杂薄壁舱体反重力铸造、特大型镁合金铸件铸造等方面均处于国内领先水平。

上海交通大学材料科学与工程学院

上海交通大学是全国重点高校，位列国家“双一流”A 类、“985 工程”“211 工程”。其材料科学与工程学院（简称“交大材料学院”），拥有轻合金精密成型国家工程研究中心，在高性能镁合金材料开发和加工、镁合金强韧化机制研究、镁合金熔体处理与绿色制备等方面，具有坚实的研究基础，研制的新型高性能镁合金结合新型成形工艺为我国航天航空及国防装备轻量化、高质化拓展了新的天地。该院所属研究中心为我国镁行业的发展提供了科研前沿的先进技术，并培养了一批优秀人才。

现代军事装备力求“更轻、更快、更强”。鉴此，轻量化技术至关重要，而新型轻质材料对威慑性战略武器装备的发展尤为关键。镁合金作为目前最轻量化的金属结构材料，在过去、当下及未来，一直是先进军事材料技术的竞争重点，其结构减重已从“斤斤计较”变为“克克必争”。简言之，应用于航天飞行器和现代军事装备的新型镁合金材料，一要更轻，二要强韧，三要使用寿命长。而要达到这些严格的要求，在镁合金技术领域虽已处于国内领先水平的航天精密机械所，还需要一个瞄准科研前沿、擅长将镁合金“做强”的队友。

合作过程

一齐攻坚，五年“镁”梦成真

重任压肩，“双雄”担使命合力攻关

2015 年，航天精密机械所受命攻关国家重要项目“高性能耐热铸造镁合金工程应用”后，主要遇到两方面重大难题：一是高性能耐热镁合金工程化应用的基础技术难题，新材料从实验室走向工程应用的第一道难关即“由小变大”，对于镁合金而言，特别是航天构件重达百余公斤的工程级熔炼量，会成倍放大材料凝固过程中存在的缺陷，使铸件质量和性能降低。二是高性能耐热镁合金工程化应用的工艺优化难题，工程应用的第二道难关则是“由大至稳”，在确保工程级熔炼量制备的镁合金材料性能达标后，该高性能镁合金材料需用于国家航天飞行器壳体中，而该壳体轮廓尺寸大且结构复杂，需进一步保证制备的镁合金大型复杂铸件达到较优尺寸精度并降低机加工周期，以适应飞行器生产任务节奏。

对于上述两大难题，该所具备的仪器设备不足以做深度探研，且当时该所还担负其他研制任务，牵制了技术团队的相当精力。显然，其时该所仅凭自身力量，难以迅速确定方向实施攻关，也难以高效解决两大难题中涉及的一系列关键技术。

于是，共同的使命召唤业界“双雄”强强联手，合力攻关。同年 9 月，航天精密机械所与交大材料学院就高性能耐热铸造镁合金工程应用中存在的核心难题签约共克难关。

项目团队参加高峰学术论坛和项目交流研讨会

航天精密研究所项目研发团队

选择交大材料学院作为合作伙伴，首先是该院在镁合金领域具有极强的科研实力，是世界上最先进的镁合金研究团队之一，且为国内稀土高性能镁合金开发奠下基石；其次双方曾有良好的合作经历，早在“十一五”时期曾就高强镁合金研发开展过合作，已建立良好的互信互惠的交流渠道。

强强联手，主攻镁合金最新难题

合作伊始，双方共同聚焦项目的核心技术难题，就“高强耐热铸造镁合金失效行为及损伤机理研究”，签订了项目合同书，并组建了联合攻关组。

“由小变大”，从实验室小熔炼量科研成果，到应用环节的大熔炼量铸件

进入新时期，随着国际条件的变化，现代武器装备技战指标在不断提升，由此对新一代高性能镁合金材料的强韧性与耐热性也相应提出更新需求、更高标准。然而在此领域，科研成果转向产业的难度极大，稀土镁合金的优异性能大多只停留在实验室级别，在小熔炼量下材料具有晶粒细小、组织均匀、性能稳定等特点。而工程级大构件，则需要大熔炼量，遂使晶粒和缺陷随构件规格增大而增大，且强韧性与性能稳定性也随之弱化。

为使项目攻关能尽快突破，项目组首先按各自所长进行了任务分配，交大材料学院主要负责高性能铸造耐热镁合金“由小变大”后依然保持高强韧性，而航天精密机械所主要负责主承办壳体的“成器”问题；其次建立了通畅的技术交流渠道，即时分享研发进度，逐一解决技术难点，有序推动研发进程。

如在“变大”的铸件制备中，项目组还发现时有热裂发生，为解决这一难题，交大材料学院开展了大量计算建模，组织机理研究；而航天精密机械所经综合分析后，则决定采用基于溶质总量控制的成分设计方法来解决铸件开裂难题。

再则，双方在合力攻关中，采取循序渐进的策略，逐步扩大熔炼量，当优化的材料在浇注 200 千克熔量铸件时显示性能优良，这使研究人员看到了曙光。就这样，一步步将熔炼量提升到 500 千克，终于达到铸造航天飞行器部件的大规格要求。

“由大至稳”，大铸件从各项内在指标不稳定，到后来完全符合验收技术要求

初始，在熔炼量达 500 千克的某型号实际产品上进行试验验证时，熔体纯净化和溶质均匀化方面很不稳定，时常会不合标准。自然，其铸件性能也不符合验收技术要求。

为了更快突破这些错综复杂的关隘，项目组定期举行技术会议主攻难点，还组织

了实力雄厚的科研队伍，聘请丁文江院士、吴国华教授等国内镁合金领域顶尖学者为高级技术专家；在研发进程中，坚持“及时发现问题，及时解决问题”的原则，研发和生产中一旦遇到瓶颈问题，就立即针对性地深入讨论，反复试验；企业技术人员也不断针对问题提出解决办法，经充分论证后随即试验验证。就这样，上下合力，历经曲折，解决了一个又一个关键技术难题，最终大铸件的各项指标都完全符合技术要求。

镁合金升级，拓展新材料应用空间

在项目推进过程中，双方通过协力攻关，还仔细厘清了镁合金工程化应用中的主次矛盾，如稀土元素虽然能有效强化镁合金，但稀土元素含量过多也会造成合金熔体净化困难，遂致成型性能变差。对此，项目组投入精力重点攻关，提出微结构调控与深度纯净的科学方案，针对大型复杂构件采用的砂型铸造工艺，优选出更适宜大熔量慢冷条件的高性能镁合金材料体系。

奋力攀登，闯关夺隘，项目组终于从材料和工艺等方面实现了系列技术创新，解决了 Mg-Gd-Y 系大型复杂铸件合格率低、产品超重等工程应用问题，突破了新型镁稀土合金复合纯净化与复杂构件精确控形控性核心方法，最终开发了新型高性能稀土镁合金，以此制备的大型铸件本体性能完全达到了高强韧铸造铝合金水平，从而完成了“质”与“量”的双重跨越。这个重大项目的成功，让完全符合技术标准的新型镁合金成功替代铝合金制造航天飞行器和国防重器的大型铸件，实现了关键主承力构件减重 30% 的目标，填补了国内轻量化结构功能一体化兼备的大型复杂主承力构件的选材空白。

高性能耐热铸造镁合金典型大型复杂铸件产品

合作模式

强强联手，优势互补的合作模式

研究所对接高校，瞄准科技前沿

研究所充分发挥核心技术作用

航天精密机械所具有以镁合金材料为核心的 30 余项专业技术与产品开发能力，特别在镁合金大规模熔体制备、砂型精密铸造、大型铸件热处理及质量控制上掌握了关键技术，是国内稀土镁合金铸件的主要研发研制单位。在该项目合作攻关中，企业始终是课题研究与实践的主导方。企业每年定期发布 SPMI、SAST 基金等课题，开展前沿创新和工程应用研究。

担重任主动寻求合作伙伴

航天精密机械所主动根据航天领域所需，将“急难险重”的问题借由产学研平台发布，同时积极与高校院所开展技术交流和需求对接，并果断选择拥有厚积薄发科研优势的交大材料学院开展产学研合作。

攻关时发挥团队创造活力

航天精密机械所在以镁合金为主的轻合金研发上，拥有一支研究方向涉及铸造镁合金、变形镁合金、镁基复合材料、镁合金扩散焊、增材制造等多个领域，技术全面、拼搏创新、颇具活力的研发团队，目前主要研究人员 50 余人，其中博士 12 人。

合作中积极提供经费与实践基地支持

在与交大材料学院的产学研合作中，航天精密机械所除了向交大材料学院提供一定数额的项目科研经费，还针对不同技术难题资助专项经费，开展材料开发及应用技术研究。在项目执行过程中，该所还为对方设计研究人员提供良好实践场所。

依托科研基金，共享实验平台

依托产学研合作基金项目

开展产学研合作，航天精密机械所主要通过航天八院设立产学研合作基金项目，以导弹武器、宇航、航天技术应用产业为应用背景，面向高校、科研机构或企业发布亟待解决的核心关键技术和基础性、前瞻性技术问题，鼓励高校积极申报。达成项目合作后，航天精密机械所主要负责提供具体技术要求和指标，同时配合完成技术攻关过程中需要双方相互磋商、研讨、协助的相关工作事项，以及对研发过程中关键技术点和时间节点进行把控。交大材料学院则负责根据技术要求和指标制定具体技术方案并按计划实施，并配合完成项目验收工作。

签约科技创新基金项目

在申报由航天八院设立的航天科技创新基金并获批后，双方签署了“上海航天科技创新基金项目合同书”，对合作项目的研究内容、技术指标、研究进度、研究成果形式、价款与支付、验收与交付、知识产权的归属，以及财产权属约定等都做了确认。

组建联合攻关组

联合攻关组依据项目内容成立了指导组、管理组与执行组。指导组由航天精密机械所及交大材料学院的有关技术专家组成，主要负责技术方案讨论与技术指导，对项目研究进度与实施路线监督把关，并协调有关重大事项；管理组由双方科研管理人员组成，主要负责项目科研工作的组织与协调，并组织项目定期交流和验收；执行组由双方科研技术人员与技能人员组成，具体执行项目实施方案，提出阶段性工作建议与小结，依据项目执行情况向管理组提出待协调事项，定期向指导组汇报项目进展并调整优化技术方案。

建立共享实验平台

共享实验平台依托上海航天精密机械所成立的上海金属材料近净成形工程技术研究中心运作。该中心设有一个管理办公室及三个研究室（精密铸造研究室、精密塑性成形研究室、增材制造研究室），同交大材料学院共同成立了航天先进材料与应用技术联合实验室，共享相关试验设备并作为技术合作交流平台，通过定期召开工作交流会对接技术需求、协调软硬件资源、共享研究成果，提升双方在先进航天材料研究水平。

完成重大项目，实现双赢互惠的合作成效

航天精密机械所

有效助推轻量化重器技术进步

通过合作，双方共同探明了稀土镁合金化的微观机制与组织演变规律，研制出具有国际领先水平、中国资源特色的MG-GD-Y系高强耐热稀土镁合金材料，打造了新一代高性能稀土系列合金及其国防领域轻量化制品，并成功应用于多种重大航天部件的研制与批产，为新型武器装备的轻量化做出了重大贡献。

经济效益增加

该项目成果，既助推了武器装备技战指标的提升，为国家重器装备轻量化做出了重大贡献，同时也为企业带来可观的经济效益，该所采用新型高性能耐热稀土镁合金生产飞行主承力结构件，2017—2020年新增产值合计1.3亿元人民币。

锤炼人才队伍

航天精密机械所在此项目执行过程中，培养出了一批镁合金领域优秀技术人才，相继获评中国航天科技集团青年拔尖人才、上海市技术带头人、上海市青年启明星、上海市扬帆人才、上海市浦江人才等。

行业影响力提升

航天精密机械所通过产学研合作，在高性能镁合金材料、镁熔体复合处理、精密成形技术、工艺装备及工程应用等多个维度形成了自主知识产权的技术群，同时起草了铸造镁合金国家标准，建立了高强耐热稀土镁合金行业标准。近几年，该所还陆续获得中国航天科技集团科学技术进步奖、国防科技进步奖一等奖、2020年度国家技术发明一等奖等荣誉。

交大材料学院

获得了科研资金支持

交大材料学院在实施本项目过程中，通过参与航天精密机械所牵头的上级项目及横向合作等方式，近 5 年共获得科研经费约 1 500 万元。

升级了相关科研设备

通过该项目的实施，学院开发了镁合金熔体复合处理技术原型，并对复合处理设备进行了工程化升级。

培养了务实型人才

在项目实施过程中，航天精密机械所与交大材料学院已联合培养了 6 名研究生，包括 2 名博士生和 4 名硕士生，其中 2 名获得研究生国家奖学金；双方联合发表了高水平论文 15 篇；此外联合申请发明专利 4 项，且均已获得授权。交大材料学院师生一方面提升了自身的学术研究水平，发表了高质量学术论文，获得优秀论文奖项；同时，参与研究人员在设备操作水平上也得以提高，为镁合金乃至轻合金领域培育和储备了一批理论与实践能力兼具的务实型科研人才。

完善了学科发展

交大材料学院的师生通过项目的实施，深入研发了稀土镁合金专用净化熔剂，深化和扩充了镁合金高效净化机理、镁合金时效强化序列等基础机理的内涵和厚度，收获了丰硕的专业成果，为高性能镁合金材料开发及应用技术研究做出了巨大贡献，研制的高性能耐热铸造镁合金项目荣获中国航天科技集团科学技术进步奖、国防科学技术进步奖等各级奖项。

上海交通大学丁文江院士团队到企业交流

航天精密机械所与交大材料学院联合开展暑期培训

专家点评

张培志

教授级高级工程师，上海材料研究所粉体材料事业部原主任

镁合金是一种比铝合金还要轻的结构材料，它的成型，尤其是大尺寸构件的加工难度极大。航天精密机械所与交大材料学院两强联手，在镁合金的熔炼、浇铸等基础理论上突破，在大尺寸铸件制造工艺方面更是发挥了匠人精神，不断探索试验，终结硕果，成功应用于航天航空领域，使我国的镁合金应用技术走在了世界前列。

本案例的成功关键，一是企业慧眼识珠，找到基础机理研究实力雄厚的高校团队。二是合作双方甘为国家分忧解难，勇挑重担。三是双方各扬其优，紧密合作，奋力攻关。案例所呈现的合作模式和拼搏精神值得弘扬与借鉴。

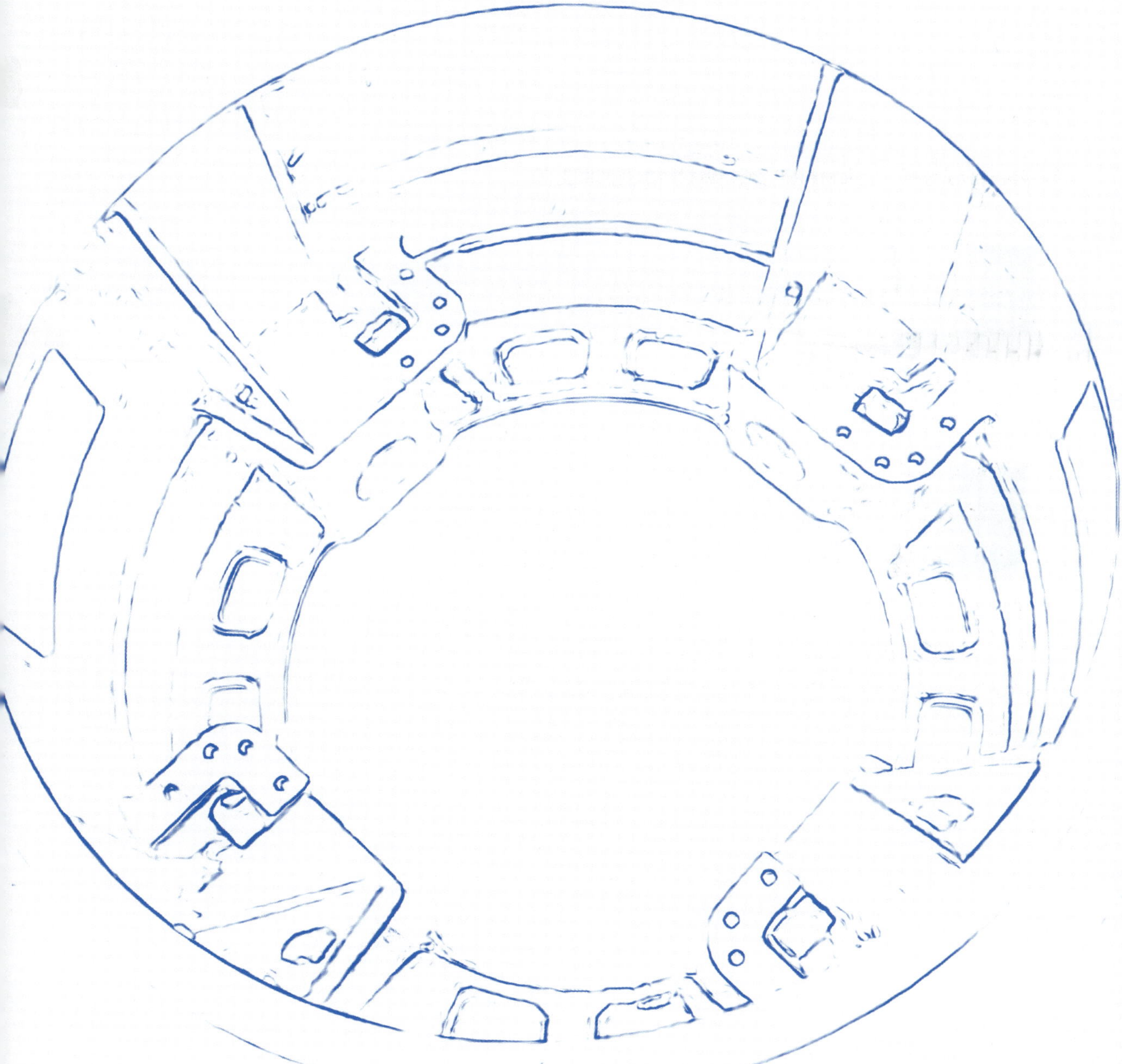

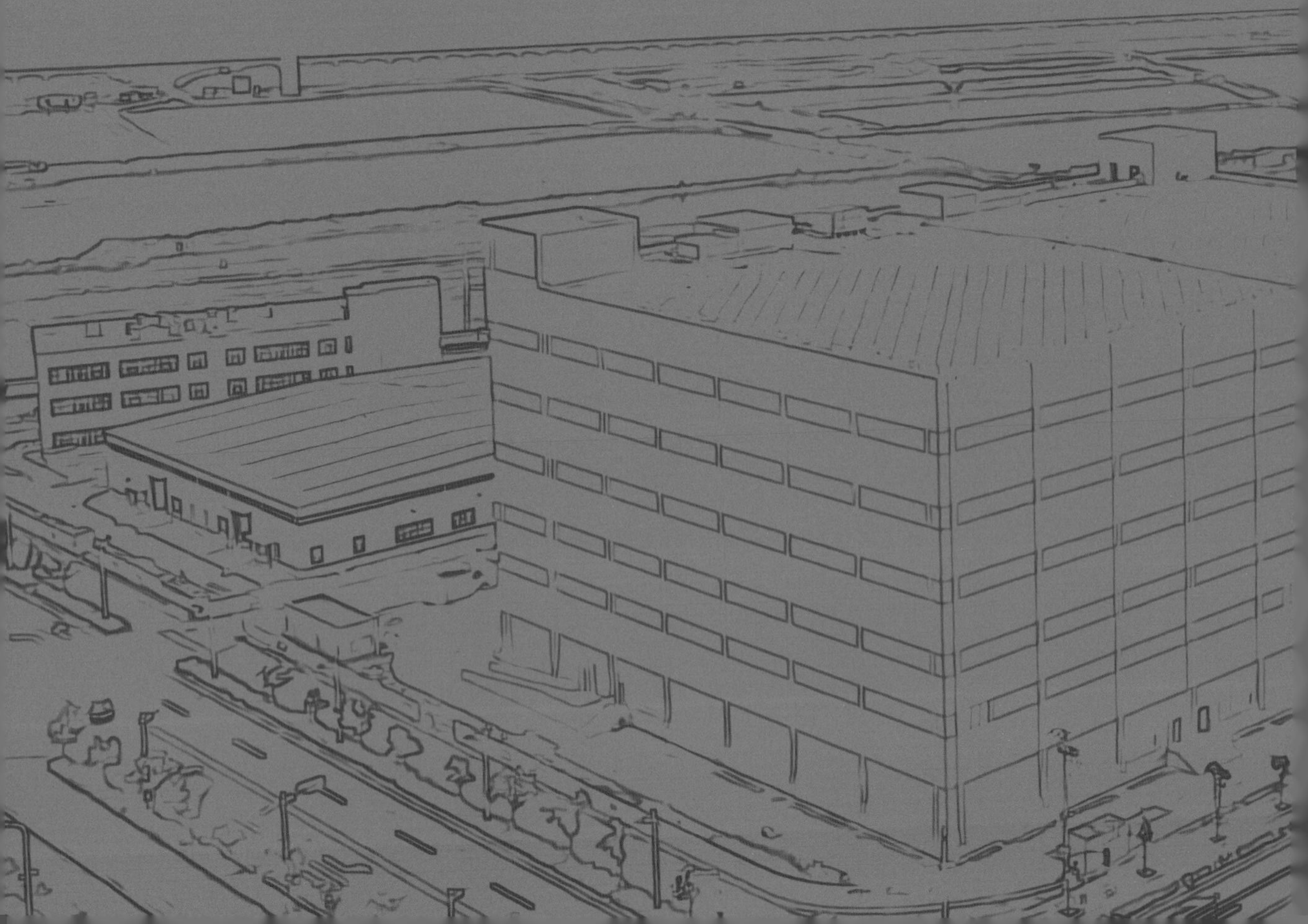

案例 7

五年奋斗，创造钢砼结构新技术

欧本公司与江大环土学院产学研合作案例

合作方简介

上海欧本钢结构有限公司

上海欧本钢结构有限公司（简称“欧本公司”）初创于1998年，有近400名工程技术人员，20多位一级建造师，是国内知名的集研发、设计、制造、安装于一身的钢结构及预制装配建筑工程企业，主要承接建造高质量工业厂房和物流仓库，为上海高新技术产业、科技“小巨人”企业。其自主研发的“波纹钢板组合框架结构”获得2020年“上海产学研合作优秀项目奖”一等奖，参编的《波纹腹板钢结构技术规程》被认定达到国际先进水平。核心技术成功应用于外高桥云契、金山西圣宇、昆山飞洋等重要项目，客户包括格力空调、美的空调、京东、圆通等几十家国内知名大型企业和物流中心。

江南大学环境与土木工程学院

江南大学环境与土木工程学院（简称“江大环土学院”）始建于1983年，现已发展形成从学士、硕士、博士到博士后完备的人才培养体系，在复杂高层结构抗震性能评估与加固改造、预制装配式结构、建筑节能国内研究领域中，具有较高的知名度，设有建筑与土木工程一级硕士学位授权点。与政府、企业联合建立了10余个研究机构和研究生实习基地。

工业与物流大型仓储是产业链、供应链的重要内容与环节。传统的大型仓储建筑均为钢筋混凝土结构，通常都是在建筑施工现场支立立体模板→在模板内捆扎钢筋→往模板内浇注水泥→水泥与钢筋凝固→拆除模板与脚手架，如此反复、叠加施工，最后完成整体建筑。这一传统建筑方式的弊端是：1. 耗材多，木材、钢材、水泥等用量大；2. 用工多，搭、扎、灌、拆等工序繁杂，耗费大量人力，且伴有施工安全隐患；3. 现场施工周期长；4. 质量不高，现场施工成形的混凝土结构构件难免粗糙，影响抗拉性和整体坚固度。

随着电子商务发展和土地成本增加，大型仓储的需求剧增，国家绿色环保战略与“双碳”目标也对工业建筑的能源消耗、清洁低碳提出了更高要求。面对这样的机遇与挑战，拥有创新基因、擅长建筑结构研发的欧本公司激情涌动，决心在“绿色建筑”的竞技场大显身手。

合作过程 邂逅虹桥，一拍即合

2017 年 10 月 30 日，欧本公司在上海虹桥亚洲国际建筑工业化展览会（BIC）展出了“波纹钢板组合框架结构”概念展品。展品吸引了江大环土学院的硕士生导师邹昀教授的注意，邹昀教授长期从事装配式建筑、组合结构、混凝土结构和高层结构抗震的教学和科研，对专业新概念及其展品特别敏感，即与欧本公司董事长陈明进行了深入交流，双方均表达了对钢结构建筑发展前景的巨大信心。第二天，一拍即合的双方签下了产学研项目合作协议，开启了四年的“波纹钢板组合框架结构”新技术的探索之路。

集思广益，找到着力点

合作协议签订后，双方立即围绕欧本公司提出的“波纹钢板组合框架结构”概念设想展开讨论，确定了三个根本问题：1.“甲壳柱”“甲壳梁”分别的受力性能；2.“甲壳柱”“甲壳梁”连接，形成“节点”的受力性能；3. 除保证一般情况下的受力性能外，

欧本公司项目技术团队

在地震、台风等极端情况下，整个框架结构建筑物的受力抗损性能。面对这三大问题，双方商定，由江大环土学院立即在学校实验室进行概念性试验，并对试验结果进行有限元分析，即分别对“甲壳柱、梁”、结合的“甲壳柱、梁节点”，以及形成的整体结构这三部分的受力性能进行相关的所有试验。经过半年的紧张工作，江大环土学院完成了一系列实验，全部数据充分证明了欧本公司概念设想具备可行性。

群策群力，完成实验论证

概念设想得到肯定性结论后，合作项目进入实验阶段。欧本公司总工程师吴艺超立即带领设计部绘制设计图纸，企业工厂根据设计图纸制作相应构件，制成的构件即被送到江南大学土木工程实验室进行抗压、抗弯、抗剪等性能实验。实验重点围绕国内抗震设计的基本原则“强柱弱梁”“强剪弱弯”展开，实验目标是保证在地震、台风等特殊情况下“强节点”不断裂，建筑物不倒塌。双方为此一丝不苟地进行了上百组实验测试，最后产生了实验结果和系列数据，江南大学邹昀教授团队对数据进行了反复比对和选优，形成了数据研究分析报告，并据此制订了“工艺技术规程”。

马不停蹄，造出生产设备

“波纹钢板组合框架结构”新技术的实验论证完成后，制造“甲壳柱”“甲壳梁”的生产设备，即造出“生产母机”便成为合作双方的第二个目标。欧本公司与江南大学商议，具体确定了波纹钢构件生产“成型”“组合”“焊接”三个基本工序标准，并由欧本公司按要求寻找相关设备生产厂家，分别向找到的厂家提出个性化工艺要求。

甲壳墙抗弯试验

技术团队在试验现场

购置了三台功能不同的生产设备后，欧本公司在自己的南通工厂进行了“自动化流水线”组合。经过近一年的反复研制与调试，“流水线”不负众望，终于“产品不落地”地制造出了长达 24 米、宽达 1.5 米的一次成型甲壳柱和甲壳梁。“波纹钢板组合框架结构”设想有了基础产品。

首战告捷，终于梦想成真

“波纹钢板组合框架结构”这个工业建筑界的“螃蟹”横空出世后，谁敢咬第一口呢？欧本公司翘首以待时，上海同华储运公司前来问津。该公司急于建造冷链仓储，正在“现浇混凝土”“预制混凝土”“全钢结构”三种工程方案前犹豫不决，忽闻欧本公司创造了第四种工程方案，便来询价。一看报价，不仅比其他最低报价明显低，竣工交付还可大大提前，大为惊讶。既喜出望外，又疑惑丛生，直到三次召开上海著名的结构工程、建筑施工、冷库建造方面专家的论证会，三类专家一致肯定后，同华储运公司才第一个吃了“新螃蟹”。签约一年后，经过欧本公司工程技术人员与江南大学专家的悉心研制和精益求精，首个采用“波纹钢板组合框架结构”的工程项目——上海同华储运有限公司洋山保税港区大宗 / 特色商品交易枢纽顺利通过验收，竣工交付，紧接着第二个、第三个……更多的客户慕名而来，欧本公司迅速赢得好口碑，“波纹钢板组合框架结构”终于成为业内不可比肩的头部产品。

波纹钢板组合框架结构现场展示

合作模式

创新突破，合作紧密无间

欧本公司积极发挥企业的主体作用

把握机遇，形成发展新思路

“节约集约、绿色低碳发展”是国家战略，建筑业作为能源消耗的三大领域之一，“节能低碳”是这一领域实现 2030 年碳减排目标的根本。与此同时，国内建筑业的工人人口红利正在逐步消失，工程建筑业的“预制化”“装配化”趋势明显。欧本公司敏锐感受到行业发展前景，形成了“绿色发展”新思路，并以此为主导统筹企业发展。

凝神思变，形成主业新概念

企业发展如何实现？欧本公司形成了“三多三少巧组合”的主业研发思路，即“多用机械，少用人工；多工厂预制，少现场制作；多直接装配，少租借脚手架和模板；充分发挥砼和钢基础建材特性。”并据此提出了包括原理、结构、材质、工艺、功能等内容的“波纹钢板组合框架结构”产品“新概念”。

新建成的欧本南通工厂

广览资源，不断充实自己

有了“新概念”，但欧本公司深知自身不足，难以实现理想，便积极寻找助力伙伴。很快找到了高校中专业理论与科研的“劲旅”——江大环土学院，并充分信赖，紧密协同攻关。同时以创新目标和现实问题为导向，寻觅各方专家，虚心求教，善纳建言，不断地借助外脑外力，加快创新目标的实现和企业自身能力的提升。

构建了合作模式

明确组织架构

企业董事长亲自挂帅，直接抓合作项目。成立了研发小组，公司总工程师吴艺超任组长，与江南大学邹昀教授一起统筹推进合作项目，公司设计、生产、设备制造、质安等部门的负责人为研发小组成员，项目组长有权直接指令各部门任务，调动各部门力量；邹昀教授则带领 2 名副教授、12 名研究生全程参加项目研发。

明确责权利

在项目合作中，欧本公司主要负责围绕“新概念产品”目标，创新各组成部分的工艺技术，或对现有工艺技术进行革新改造、编制施工手册、培训相关人员、研制新材料制造设备等，确保整个示范工程的最终落地。江大环土学院主要负责实验测试、理论分析与有限元研究等。欧本公司支付一定经费用于课题的研发。

甲壳梁生产线（2 条）于 2021 年 12 月投产

形成工作机制

双方按各自优势做了基本分工，按分工建立了“分、合机制”。先是“分”，即江大环土学院按项目三大研究对象“柱”“梁”“节点”，将研究生分为“柱构件抗压”“柱构件抗弯、抗剪”“柱构件抗震”“梁构件抗弯、抗剪”“梁构件抗震”“节点构件抗震”不同子项目组分别开展研究。然后“合”，即各子项目研究成果出现后，合作项目组组长随即召集欧本公司业务部门会商论证，取得一致意见后，由公司生产成型，再由进行性能实验测试。在这一基本“分、合”中，双方经常是及时地沟通信息和探讨细节，展现了“多跨半步、紧密无间”的良好合作状态。

洋山自贸区同华大宗商品交易枢纽项目建设过程中

各方收益

互融互赢，双方各获其丰

欧本公司

技术与管理全面提升

“波纹钢板组合框架结构”新技术从概念提出，到最终变成实体产品，并走俏市场，带动了企业主业研究、设计、加工、施工、验收诸环节工艺技术的全面创新、工序流程的全面优化、产品质量的全面提升。企业因此获发明专利申请 16 项（授权 1 项），实用新型专利已申请 16 项（授权 4 项）；获《上海市新型建设工程材料认定证书》。促进了整个企业管理和企业团队的提高，企业跃上了新台阶。

经济效益显著增加

与江南大学合作成功后，欧本公司已用新技术承接了 30 多个建筑工程项目，建设总面积 300 多万平方米，企业年营收从 2016 年的 5 亿元快速增长到了 2022 年的 30 多亿元，年增长率近 28%，实现了 6 年翻两番的飞跃。

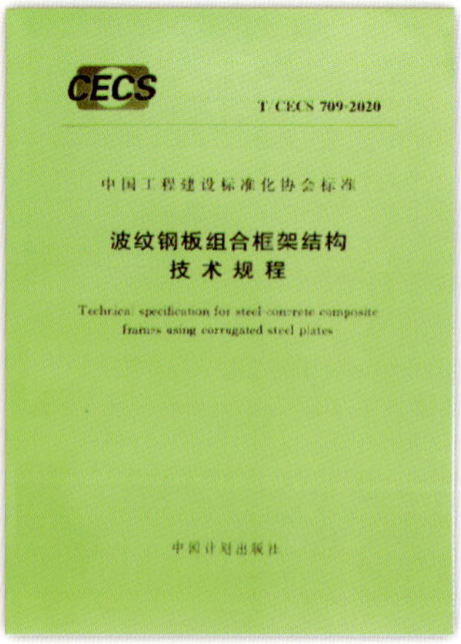

欧本公司陈明董事长与研究生交流

欧本公司主导的《波纹钢板组合框架结构技术规程》

增加了合作资源

与江南大学的成功合作在业内“一鸣惊人”，使欧本公司充分利用“学研资源”的意识和能力更强。近几年来，他们又以“波纹钢板组合结构技术——高层民用建筑应用”为新课题，先后与浙江大学建筑工程学院龚顺风教授团队、童根树教授团队、童精中教授团队，中国矿业大学建筑与设计学院李贤教授团队展开合作，资源倍增。

江大环土学院

师生的实践能力得以增强

由邹昀教授带领的江南大学土木工程专业的师生团队通过对合作项目及其子项目深入研究，既有效实现了“学以致用”，又较高质量地完成了研究生课题。通过参加“科研成果新概念产品”产学研用全过程，既增强了师生专业理论用于生产实践的意识和能力，又增强了专业自豪感和社会责任感。通过深入欧本公司的生产实景，亲身感受企业专业人员严谨细致的职业操守，师生们的务实作风也得到了锻炼。

促进了专业学科研究

通过与欧本公司的合作，助推企业“波纹钢板组合框架结构”概念“梦想成真”，江大环土学院邹昀教授团队的科研成果成为现实生产力。同时，也促进了专业科研的深入，专业成果的增加，以“波纹钢板组合框架结构”系列研究为题，根据产学研合作成果，江大环土学院撰写论文并投稿 25 篇，已在中国科学引文数据库（CSCD）期刊发表 12 篇，同时在美国科学引文索引（SCI）发表 5 篇、美国工程索引（EI）发表 3 篇，学院获发明专利授权 9 项。

专家点评

郭青

教授级高级工程师，上海建科检验有限公司第二事业部原副总工程师

该案例的合作是高校教授的专业敏感、科研实力与企业高管勇于创新、敢于竞技的完美碰撞，使“产学研”在共同的志向上一拍即合，互融互赢。合作的绩效在于其示范工程创造了行业影响力，专利规程增加了行业话语权，壮大的研发团队反哺了产学研向深层次发展。

产学研合作成功关键在于欧本公司和江大环土学院合作双方对于资源的利用有着清晰的意识，对于项目的展开有着精准的设计，体现出分工明确、行动快捷、步骤紧凑、去虚务实，形成合作环节环环相扣，“念、研、产、用”严丝合缝的良好态势。

案例 8

携手打破智能传感器校验技术壁垒

华东电试院与交大电研所产学研合作案例

合作方简介

华东电力试验研究院有限公司

华东电力试验研究院有限公司（简称“华东电试院”）成立于1954年，是一家覆盖电网、电源专业，技术底蕴雄厚的能源电力科研服务企业，人才济济。建有2个上海市级实验室平台，2个国网公司命名实验室等。近5年来，承担科技项目200多项，其中国家重点研发计划项目4项、国家自然基金项目2项、上海市级项目17项等；发布标准17项；获得中国电力科技奖20项、上海市科技进步奖17项、其他各类省部级科技进步奖40项。共授权296项发明、486项实用新型、1项外观设计专利及280项软件著作权。

上海交通大学智能输配电研究所

上海交通大学于1896年创立，是我国历史悠久、享誉海内外的著名高等学府之一，18个学科入选国家“双一流”建设学科。2020年上海交大获国家科技奖8项，居全国高校第二。其所属智能输配电研究所（简称“交大电研所”）依托国家能源智能电网（上海）研发中心、教育部电力传输重点实验室以及上海交通大学大数据工程技术研究中心等国家和省部级实验室开展项目研究工作。其中，国家能源智能电网（上海）研发中心是国家能源局授权的第一批能源产业研发和实验基地，是我国首个国家级智能电网技术研发中心。

随着“双碳”目标的提出，构建以新能源为主体的新型电力系统成为实现能源转型、达成“双碳”目标的有效途径。电力系统将逐渐转变为变流器与同步机混合发电系统、综合能源系统、弹性系统，具有信息物理系统特性，是一个复杂的巨系统。面对全新且巨大的挑战，华东电试院亟须推动设备数字化升级和智能运维模式变革，升级自身技术能力，为确保新型电力系统安全高效运行提供技术支撑。

为此，华东电试院与一直保持着长期合作关系的交大电研所再次携手，进行了新的产学研合作。

合作过程

直面挑战，实现在变革中转型

新装置问题频出，求破题力寻合作

2014年起，上海电网开始探索应用在线监测新技术对电力设备开展7×24小时不间断的实时状态监测，希望能在设备出现异常或缺陷的初期阶段及时发现，第一时间制定相应对策，避免停电事故发生。但通过一年多的实际应用，一线反映了大量误报漏报、监测数据偏差、错误决策制定等问题，原本被寄予厚望的新装置不但没有起到应有的理想效果，反而给一线员工带去了极大困扰，甚至险些造成现场事故。作为上海电网运行的主要技术支撑单位，华东电试院立即针对该问题展开研究。但由于涉及电气、理化、通信等众多专业，且核心关键在于陌生的感知技术领域，华东电试院很快决定寻求产学研合作。

与华东电试院关系密切的交大电研所在智能感知领域处于前沿领先地位，在电网设备状态智能传感装备的传感机理、测试方法、分布式测试数据处理等方面颇有优势。于是，以在线监测质量评估及提升感知装置有效性为目标，华东电试院与交大电研所开始了新的产学研合作。

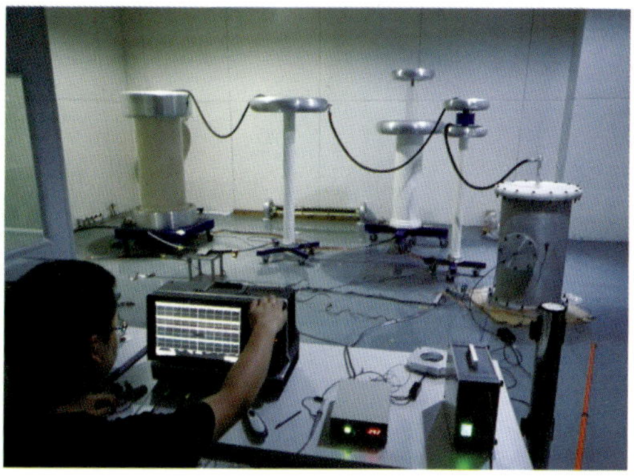

最接近真实工况的高压试验平台

GIS 用智能传感器校验平台

找到问题症结，组建联合攻关项目组

2015年下半年，企校确立合作关系后，首先针对工程实际遇到的问题展开研究，找出导致在线监测失效的根本原因。确定工作思路后，华东电试院与交大电研所组建了联合攻关项目组。具体分为两个小组，技术组负责基础研究、技术攻关；应用组负责现场数据收集、工程应用研究。

项目组彻底变革了监测装置的性能校验模式，由原先仅对装置的传感器件进行检测，改为对装置所有部件进行检测，包括传感器件、封装结构、通信功能、装置功耗等。这样的校验技术，无现成标准和方法可循，项目组从零开始研究，研发出了全环节性能校验技术与校验平台。新技术应用后，检测效率和准确率大为提高，先后支撑了陆家嘴10平方公里示范工程、上海世界一流城市电网建设、历届进博会智慧保电工作等，合作初见成效。

深化合作，由项目组至联合实验室

通过3年的密切合作，项目组已基本攻克市面上全类型感知装置的全方位性能校验方法，华东电试院与交大电研所的合作默契也与日俱增，认为可进一步深化在感知领域的合作。2018年下半年起，双方筹划共建联合实验室，并于2019年3月正式挂牌成立，以期建设新型感知装置检测能力，并依托国家重点研发计划在临港部署配网PMU，实现电网态势感知功能。

随着联合实验室的校验能力不断完善、装置类型逐步覆盖，校验工作量也大幅度提升，依靠人工已无法按时完成全部检测任务。实验室成立后第一项最为迫切的研究便是开发数字化校验平台。2019年底，智能传感器质量评估AI平台正式上线，实现了各类智能传感器投运前性能检测、投运后质量跟踪、运行数据实时分析、装置采购

智能感知联合实验室核心成员

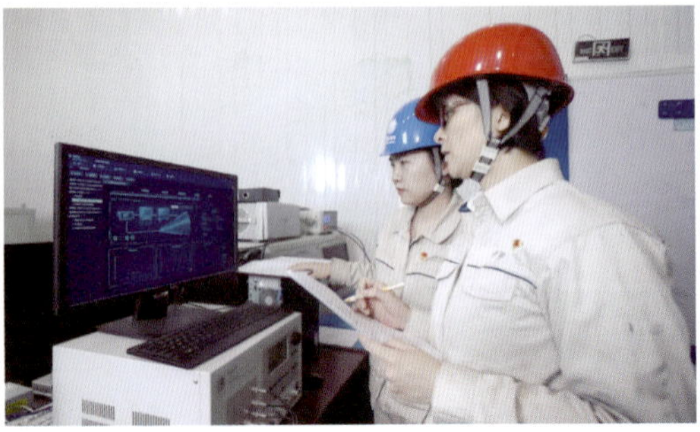

项目人员在实验现场

指导分析等环节的全生命周期闭环自动化质量评估，一方面将对传感器性能校验的有效范围向更多环节拓展，另一方面大幅提升质量评估的数字化、智能化水平。

稳定的合作伙伴，长期的远景目标

项目合作成功后，华东电试院与交大电研所继续依托智能感知联合实验室，进一步深化产学研合作，建立长期稳定的合作关系。

在科研项目方面，充分结合双方特色与优势，进一步提升智能传感器质量评估技术水平，扩展质量评估平台的应用领域，做大做强共建的联合实验室。在人才培养方面，华东电试院积极配合交大电研所开展协同育人，为学生的技术研发和创新提供科研条件和实践环境。

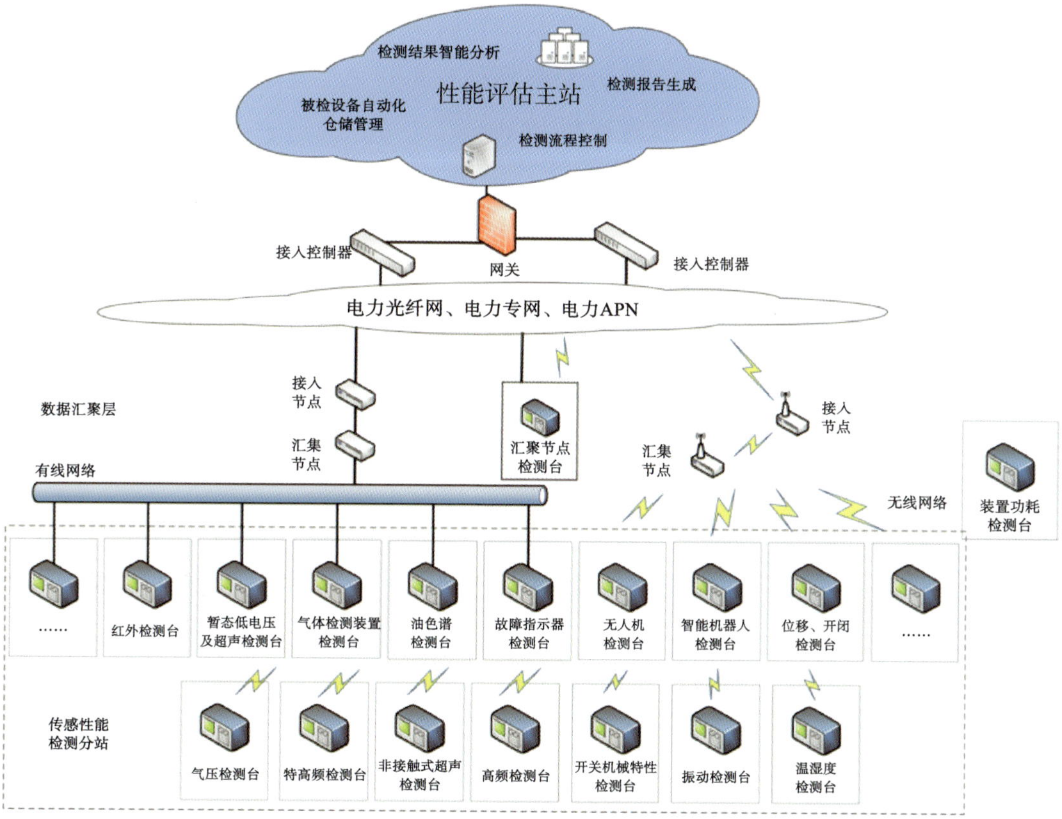

智能传感器质量评估 AI 平台架构图

优势互补、资源共享、共同发展的合作模式

（合作模式）

企业主导科研项目

主动积极寻求合作

2015 年下半年，当华东电试院意识到仅凭自身力量难以突破智能传感器性能校验核心技术时，决定寻求交大电研所合作，并先后设立了科研创新课题、技术改造专项等，以科技项目、技改项目、运维项目等多种形式与交大电研所围绕“电网设备状态智能感知装置性能评估”这一课题展开项目合作。

牢牢咬住需求导向

从用户角度以需求为导向，研究智能感知装置性能评估标准体系；依托已有软硬件条件，结合研究成果，开展智能传感器性能评估检测，华东电试院发挥工程应用及示范落地便利性，主要负责开展新型智能传感器性能规范及工程应用研究。

优势互补紧密合作

作为合作提出方，华东电试院为双方的试验研究提供场地及经费。交大电研所凭借自身的技术优势，主要负责开展输配电设备智能感知及能源互联领域的前瞻性、应用性技术研究。双方优势互补，共同制定研究成果落地示范的技术方案、提供技术支持，促进双方研究成果的产业化及推广应用。

机制保障合作推进

成立合作决策层

成立合作管理委员会，作为双方长期合作的最高决策组织，加强统一组织与协调。管委会原则上每半年召开一次会议，协商确定双方合作的具体科研项目及研究展开等。

设立合作工作小组

合作工作小组为双方合作日常联系机构，双方各确定一名负责人统一协调推进合作有关事项。

建立优先合作机制

涉及前瞻性、关键性成果转化的技术领域，双方明确实行优先合作原则。

签订战略合作协议

确定合作原则

2018 年，双方签订了战略合作协议框架，正式达成战略合作伙伴关系，确定“优势互补、资源共享、合作双赢、共同发展”原则。承诺从工程应用和理论研究两方面实现资源与优势互补、强化现有研究团队、共享研究资源、深化产学研合作，为进一步开展成果转化奠定基础。

明确合作内容

合作推进高端技术研发和示范效应，联合开展重大科技成果培育，加强高层次技术标准创制合作等。

规定各方责权利

协议对双方的职责、权益进行了原则性规定，在双方协商的大前提下，知识产权由双方共同拥有。具体项目的职责、权益划分，则在遵循战略合作协议原则的基础上进行细化。

共建联合攻关实验室

为了确保合作方案落地，也为了将合作推上更高台阶，2019 年 3 月，双方共同成立了智能感知联合实验室，这也是国内电力物联网领域的首个实验室。双方均派出骨干技术人员常驻实验室，扩充了原先的联合项目组队伍。目前，实验室已建有综合性的试验场所和仪器设备，具备对现有全类型在线监测、智能传感器的全方位性能检测能力。实验室的成立，推进了双方合作的实体化、规范化和体系化。

创设资源共享模式

双方将联合实验室需要的各类软硬件设备部署到各个实验室基地，一方面加速实验室建设进度，另一方面避免重复投资，从资源角度发挥双方产学研合作优势。

华东电试院将电力设备状态监测、多源感知网络及场景应用等平台部署在联合实验室，可满足智能传感装置性能检测、环境模拟和工作状态校核等需求；交大电研所将薄膜与微细技术研究平台、区域光纤通信网与新型光纤通信系统研究等平台，及非硅 MEMS 微加工、数字系统芯片、光纤传感器等研发装备部署在联合实验室。通过这种共享共用模式，联合实验室装备实力很快便在国内处于领先地位，满足合作研究新技术所需的大部分软硬件支撑条件。

联合培养科研人才

（1）确定培养目标

双方以培养能源领域高层次创新型人才为目标，积极探索学校与企业联合培养人才的模式。

（2）研究生导师互聘

双方开展学生社会实践教育，推进研究生导师的互聘，提升交大电研所相关专业学生工程实践能力、工程设计能力和工程创新能力。双方联建博士后科研流动站。

（3）为企业开设培养班

交大电研所开设培养班，合作培养上海电力优秀专业人才。

2019 年 3 月 28 日，华东电试院与上海交通大学合作成立智能感知联合实验室

各方收益

巨大经济效益与更强前沿学科的双赢

华东电试院

研究成果在行业内外引起巨大反响

华东电试院与交大电研所共建的智能感知联合实验室是电力行业成立的首家感知领域实验室。联合实验室建成了智能感知装置各环节全面互联、人机交互的校验环境，在历届进博会全景智慧保电系统中扮演了重要角色，发挥了重要作用。

2019年3月，双方联合举办了泛在电力物联网技术论坛，中国科学院毛军发院士、上海交通大学江秀臣教授、华为公司郭瑞等知名专家，对该项目的阶段性建设成果给予高度肯定，达成交流合作意向。在2019年世界人工智能大会的“泛在物联、智享未来”分论坛上，发布了国内外首个城市泛在电力物联网技术白皮书；基于该项目的研究成果“世界会客厅——城市绿色保电最强大脑”，展现了华东电试院与交大电研所联合项目组在人工智能技术与物联网融合方面的领先水平。项目组在国内外著名期刊上发表论文20余篇，授权和公开国家专利30余项。

华东电试院项目团队

带动企业技术进步，助力研发高科技产品

产学研合作，补齐了华东电试院原先检测能力的短板，填补了之前对感知装置数据传输性能掌控的空白，带动了企业的技术革新与进步，在智能感知、光学传感和信号处理、感知装置性能检测等方面，已形成了较强的核心知识产权体系。

华东电试院为制造企业提供智能传感器或传感器质量评估服务，取得了较大的经济效益，随着项目技术的进一步成熟及产品的大规模产业化，产值有望突破2 000万元，利润超过400万元。同时，该项目是我国智能制造发展中的重要支撑环节，保证了制造企业的生产水平，体现了国家核心竞争力。

促进了企业的人才培养

交大电研所发挥技术及资源优势，积极承担开展华东电试院各类年度培训任务、创新论坛、硕博沙龙等活动，在增强双方沟通交流的同时，将最新最前沿的技术理念带进华东电试院。

对于交大电研所的学生，双方形成企业与院校双导师培养机制。仅2017—2021年，交大电研所就为华东电试院输送了2名博士、3名硕士及2名本科生，已成为华东电试院的青年技术骨干。

交大电研所

专业人才理论与实践共成长

借助华东电试院长期深入工程现场的机会，交大电研所极大地弥补了高校普遍容

交大电研所项目团队

易存在的理论与实际脱轨的不足。有助于培养专业人才真正兼备理论与实践的双重高水准。

研究团队新增该研究方向的青年教师1人，博士后2人，晋升高级职称3人。研发队伍中刘亚东老师以第一完成人获得2017年度上海市技术发明奖一等奖、第九届上海市青年科技英才（成果转化类）以及教育部“青年长江学者”称号。

基于项目相关研究，交大电研所还开设了“电气设备在线监测与状态维修”研究生培养课程1门，对研究生培养方案进行了合理的补充；培养了硕士研究生10名、博士研究生3名。相关研究人员和研究生在参与该项目科研中发表了高水平论文12篇，其中SCI论文8篇，EI论文4篇，申请并授权发明专利8项。

助力前沿学科更好发展

交大电研所一直以来在智能感知领域瞄准电网设备状态智能传感装备的传感机理、测试方法、分布式测试数据处理等关键问题，通过产学研合作，建立了智能感知联合实验室，在交大电研所闵行校区设立了智能感知实验室的检测分站，完善了对电力设备智能传感器的校验与检测能力，为智能传感器的测试实验提供基础平台，提升了交大电研所在智能感知领域研究的软硬件实力。

专家点评

范铠

研究员级高级工程师，上海工业自动化仪表研究院原副院长

此案例展示了企业面临数字化转型困局，如何通过与高校产学研合作，找到转型方向与路径，实现技术革新，跨越转型门槛的全过程。双方通过紧密而高效的合作，解决了电网监控智能检测能力的短板，使之一跃成为业内先进技术，并形成了以此技术为核心的知识产权体系，在电力物联网技术界产生了重大影响。

此案例的合作目标明确，分工清晰，各尽其长，优势互补，资源共享。更可喜的是合作最终促成企业核心产品升级，技术全面进步；高校科研贴近产业发展，人才培养质量更高，双方在合作中共同成长。

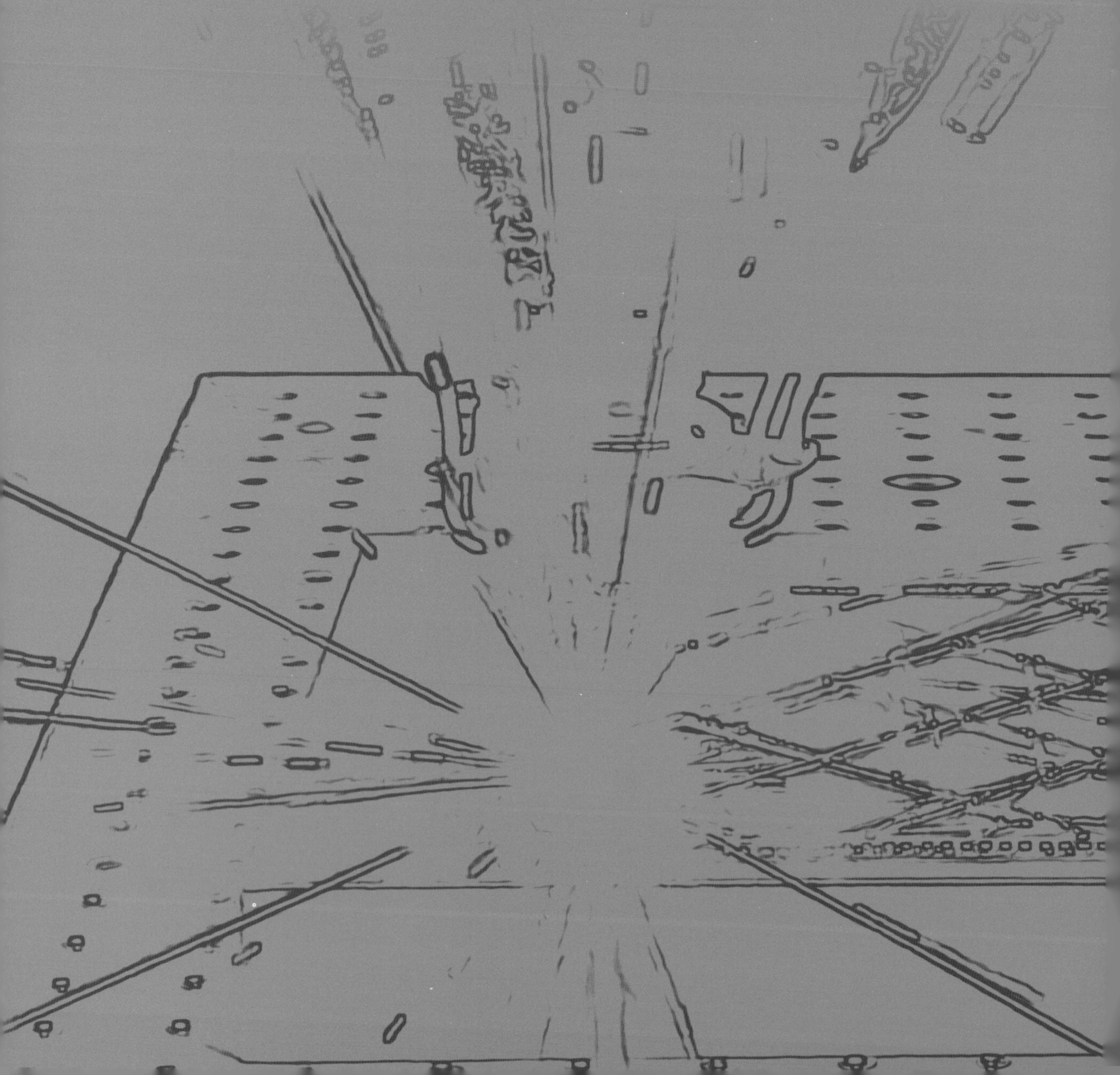

案例 9

为了我国航天技术的进步

上海航天设备与大连理工
研制航天大型构件增材装备产学研合作案例

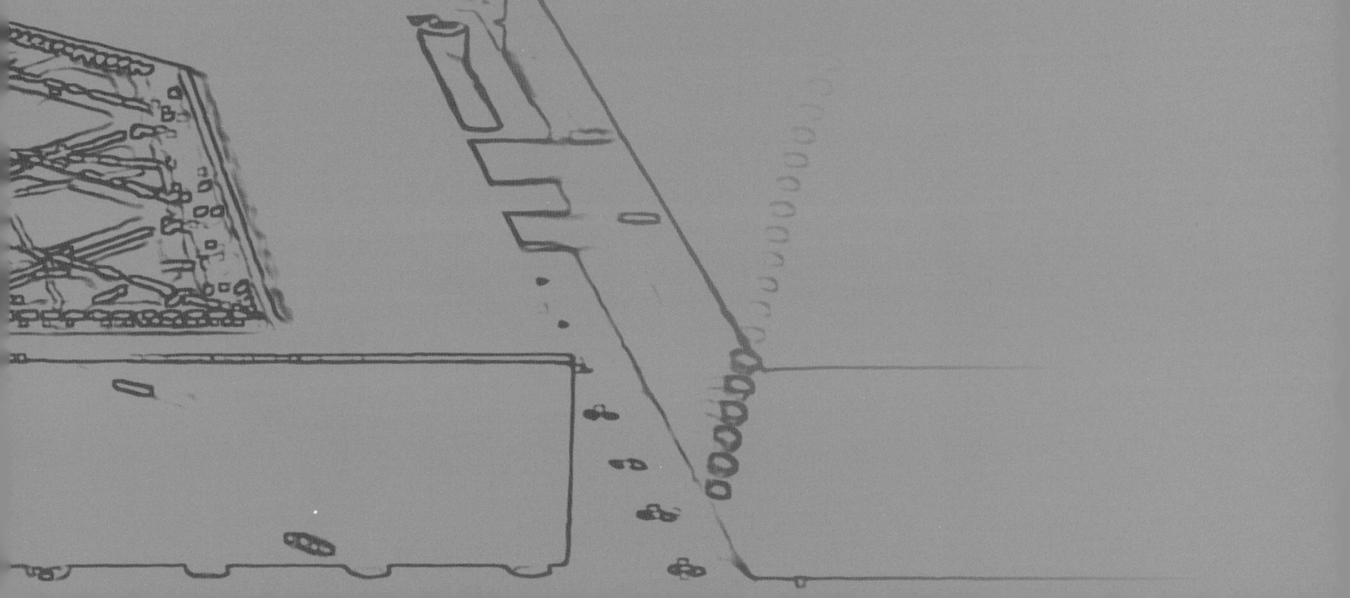

合作方简介

上海航天设备制造总厂有限公司

上海航天设备制造总厂有限公司（简称“上海航天设备”）隶属于中国航天科技集团第八研究院，前身为上海新民机器厂，系著名爱国民族工商企业家、全国人大常委会原副委员长胡厥文先生于 1921 年创办。现有职工 1 400 多人，其中工程技术人员 600 多人，是我国集运载火箭、空间飞行器和战术武器地面系统产品制造、总装测试和发射场服务于一体的国有航天骨干企业。成功完成空间站“梦天舱”、长征六号运载火箭、月球车等国家重大任务攻关，曾获全国五一劳动奖章、中国载人航天工程突出先进集体、国家创新型示范企业等荣誉。

大连理工大学

大连理工大学（简称“大连理大”）系 1949 年中华人民共和国成立时创办的第一所面向新中国工业体系的教育部直属重点大学，其所属机械工程学院颇具实力，拥有精密与特种加工教育部重点实验室，国家级创新平台等，由 3 位院士领衔的师资队伍多次获得国家级奖项，学科评定为“A”，是继清华、上海交大、华中科大、哈工大之后的第五位，在激光增材制造工艺技术领域学术实力雄厚。

我国航天事业始于 1956 年，进入新世纪后发展迅速，成为世界航天强国。中国航天事业的辉煌是无数“航天人”不懈奋斗的结果，其中铭刻着上海航天设备和大连理工在攻克航天大型金属增材装备难题上的重要贡献。

大型金属增材装备的核心是增材制造技术。所谓“增材制造技术”，就是根据零件期望形状，逐点逐层累加，造出实体零件的工艺方法，即俗称的“3D 打印技术”。而在诸多细分的增材制造技术方法中，激光熔覆增材技术最为先进，其通过激光辐照提供热量，瞬间融化金属粉末，快速凝固，制造出所需产品，具有少工序、短周期、低成本、通用性强、产品强度高的特点，相对于“铸 / 锻 + 铣削”等传统的工艺技术，具有“智能”和“绿色”等划时代的优势。这一先进制造技术的高端产品，即增材制造设备，过去长期为西方发达国家所垄断。近十多年来，我国快速发展的航天事业，迫切要求我国的这一技术尽快突破，创新升级，造出高端生产设备，而后制造出航天领域急需的各种金属构件，尤其是大型构件，上海航天设备和大连理工为此并肩挽臂，2015 年 10 月起，走上产学研合作攻关之路。

合作过程

有志者，事竟成

仰对险峻，激情涌动

冷静分析，找到症结与出路

上海航天设备具有几十年航天大型构件生产实力，但面对研制大型金属构件增材装备的新任务，颇感压力。压力之下，研发团队冷静分析出制造新装备的三大难题：一是生产新构件，不同的构件必然是不同的复杂结构，“3D 打印技术”如何完成一次成型；二是修复损伤件，如修复火箭栅格翼、航空发动机静转子、涡轮叶片等，如何“包治百病”，个性化地“修破如新”；三是解决顽疾，即如何避免大构件生产过程中因微观粒子粗大和脆性的痼疾引起构件变形、开裂。

如何解决这三只“拦路虎”，采用“3D 打印技术”，造出全新的大型金属构件增材装备。有三条路径：一是企业独立研制，二是全盘引进外国技术，三是产学研合作研发，上海航天设备领导层经过反复讨论，决定走产学研合作研发之路。

打开视野，找到合作伙伴

谁能解忧？上海航天设备迅速开展增材工艺研发状况“扫描”，在仔细比较国内外研究的前沿水准后，最后聚焦到了大连理工。大连理工在激光增材制造工艺技术领域积累了丰富的理论与实践经验，马广义教授的团队自 2007 年以来连续获得国家奖项，走在国内增材制造领域的前沿，完全具备合作攻关的实力。于是，上海航天设备联系上了马广义教授，开始了大型复杂构件激光熔覆工艺技术的联合攻关。

合力攻关，终破难题

承诺联手攻关后，大连理工马广义教授 2016 年 11 月率团赴上海航天设备作了近一个月的调研，双方进行了充分的磋商，确定了攻关目标与步骤，迅速展开了实质性的合作。

基础工艺初探

2016 年底，产学研合作团队首先开展了“激光熔覆工艺”，即“3D 打印”高性能金属材料的可行性验证。大连理工充分发挥基础理论的优势，通过分析十余种工艺参数对制造结果的影响，摸索出了基础性的工艺规律，据此安排研发师生进入上海航天设备展开实质性研制，完成了基础工艺的确定，为后续装备开发和工程应用奠定了基础。

关键模块攻关

在此基础上，2017 年 6 月起合作团队马不停蹄地向增材装备关键模块的核心——“激光加工熔覆头”发起冲锋。该模块的难度在于既要满足几千瓦激光的传输，底部还要面临上千摄氏度高温区的辐照等，研制难度极大，因而长期受欧美国家的技术封锁。合作团队不畏艰难，披荆斩棘，经过近一年的奋斗，终于突破了“激光—金属粉末—保护气体同步精确控制”之难题，研制出了翘首以盼的“激光熔覆头”。

成套装备集成

乘基础工艺和关键模块突破之势头，合作团队一鼓作气，终于完成了大型金属增材装备的技术集成，造出了增材装备。增材装备投入正式使用后，又针对长时间运行、

激光同轴送粉增材制造过程

大批量熔覆打印时，保护镜片容易烧坏，需及时更换；激光熔池坍缩，需及时修改等问题，采用智能化手段保障了成套装备的稳定性和可靠性，从而圆满实现了制造大型航天金属构件增材装备的合作目标。

项目攻坚团队自豪地说，他们的合作，一是实现了“无中生有”，即用全新技术直接产生小为 1~2 毫米壁厚，大至 3.7 米直径的零件。二是“由弱变强”，即新技术在零件表面熔覆“硬”材料，使之强度提高。三是“变废为宝”，即用新技术高质量地修复经过使用、有不同损伤程度的高附加值零件，如航空发动机叶片等，使之仍有“用武之地”。

梦想成真，乘势拓展

2018 年 10 月，上海航天设备和大连理工合作研发大型金属构件增材装备项目终告成功，随即应用于运载火箭、卫星及导弹领域，显著提高了这一领域新型号产品的研制效率，助推了航天大型构件的绿色、高效、柔性化制造，为我国航天事业的发展做出了新贡献。

目标实现后，上海航天设备并不满足，而是继续与大连理工深化合作，并拓展了与上海交通大学、上海理工大学、南京航空航天大学等其他高校的合作。对已成功的“大型金属构件增材装备”精益求精，同时举一反三，转化应用于更大范围内的产业化，先后为中国核动力研究设计院、沪东重机公司等核电能源、船舶制造企业生产重要零部件，提高了这些企业的创新能力和产品质量。

智能化七轴联动金属粉末精密增材制造装备

合作模式

建规立制，让合作有方圆

上海航天设备积极发挥主体作用

牵头制订合作规划

上海航天设备聚焦合作攻关目标，深入分析自身实力和合作方优势，与大连理工商拟了包括五项主要内容的“合作规划”：① 聚力突破航天大型复杂结构件加工的共性与关键技术；② 持续开展航天增材构件工程化研究与开发；③ 加快合作成果的转化与扩展；④ 建成具有全国影响力的航天科技创新中心；⑤ 引领航天行业大型金属构件增材制造技术。“合作规划”具体划分为前期、中期、长期三个阶段。

全力投入人财物资源

在人力上，调集了科研力量中的精兵强将和后备骨干；在财力上，自筹了基础性研发所需经费 500 多万元；在物力上，毫无保留地提供了合作研发所需要的技术、设备、平台等。

积极为合作方提供便利

如拆解合作项目研究内容，为大连理工在校学生提供毕业课题；在合作过程中，安排参与合作项目课题的学生到企业进行职前培训和相关实习；优先吸收参与合作项目的毕业生入职企业等。

合作模式清晰

构建了合作体系

自上而下形成三级架构：一是项目领导小组，由上海航天设备副总经理郭立杰和大连理工著名教授吴东江挂帅，对项目合作攻关统一领导，包括制定合作规划、配置重点人员、解决合作中的重大问题等。二是项目执行进度委员会，由上海航天设备指定总厂科研项目主管侯春杰领衔，监督把控合作实施节点，协调有关问题。三是校企执行专业团队，由上海航天设备研究室主任赵凯、大连理工开发院副院长及机械学院副院长马广义教授负责，具体落实前期技术调研、中期执行方案执行、后期合成投产各项具体事务。同时明确了工作机制，除加强合作中的及时联系沟通和召开专题视频会议外，每年召开3次面对面的联席会议等。

明确了相关责权利

一是明确了责任分工，上海航天设备提供合作项目所需的人、财、物条件，主要负责总体技术攻关及工程化应用。大连理工提供基础数据分析和实验室设备，主要负责基础工艺创新和攻关中突出问题解决方案的提出等。二是明确了成果“共享”，共享合作产生的知识产权，共享合作获得的研发成果，成果转让由双方协商决定等。

建立了共享平台

一是数据共享平台，在不涉及国家机密等的前提下，双方定期上传合作项目的相关成果，供研发人员共享等。二是校企联合培训平台，主要面向企业的技术人员，为他们提供“第二次”学习机会等。三是校企联合实习基地，主要面向学生，为他们提供企业实习和毕业后求职的模拟环境等。

建立了激励机制

为充分挖掘科研人员的积极性和创造力，上海航天设备规定，企业参与合作项目的人员，凡有贡献者，职称评定时可获加分；高层次人才，可优先推荐参加国家、省市级人才（荣誉称号）选拔；有重要成果的，可获得企业资金资助下的高校深造机会。并专设“产学研合作专项绿色资金”，用于企业产学研合作技术团队建设与人才引进等。

各方收益

协同攀高，相得益彰

上海航天设备

实现了技术跨越

经过与大连理工的合作攻关，上海航天设备优化了“高功率激光同轴送粉增材成型工艺”，开发了“七轴联动加工路径技术”，掌握了“超大型金属构件成型变形控制技术”，开发了大尺寸金属构件增材“激光熔覆成型加工头技术”，开发了“长时间制备光机电协同保障技术”等，形成 19 项发明专利、20 篇刊登在中文专业核心期刊以上的论文、2 项航天行业标准，相关成果获上海市科技进步二等奖等。

提升了行业地位

上海航天设备先后被认定为上海复杂金属构件增材制造工程技术中心、中国航天科技集团增材制造技术中心、中国 3D 打印产业联盟副理事长单位。承接了 20 多项国家、省部级 3D 打印、激光增材制造工艺与装备项目，在业界的知名度、影响力大为增强。

上海航天增材制造团队骨干成员

上级领导莅临企业指导（右三为中国航天科技集团副总经理张宏俊，上海航天八院原院长）

增加了经济效益

项目合作成功，采用新技术后，先后销售设备、提供加工服务等40多台（件、次）。2018—2020年三年销售总额累计达3 845万元，经济效益明显提高，合作项目技术成为企业经济效益的重要增长点。

培养了年轻团队

项目合作使企业的研发队伍得到淬炼，目前上海航天设备已形成了近40人的增材科研年轻团队，硕博士占85%，高级职称6人，十多人次获国家、市、区级中国科技人才、优秀人才、领军人才后备队荣誉。其中“脱颖而出”最为典型的就是郝云波，其作为大连理工的硕士研究生，参加了合作攻关的全过程，毕业后进入上海航天设备，迅速成为企业技术骨干，担当多项重要科研项目，获得多项市级奖励和荣誉。

年轻团队还代表企业与上海交通大学、东华大学、上海理工大学等高校形成产学研合作联盟，拓展了企业的社会资源，延伸了不断成长的阶梯。

尤为珍贵的年轻团队在三年的项目合作攻关中，怀揣“必定成功，没有退路”的豪情，奋力拼搏，锲而不舍，以自己的青春火焰践行和诠释了“热爱祖国、无私奉献、自力更生、艰苦奋斗、大力协同、勇于登攀”的“两弹一星”精神，也积聚了今后爱国奉献、不断攀高的永恒动力。

大连理工

增强了师生“企业第一，产品第一”的意识

长期以来，高校师生普遍存在“论文至上，毕业第一”的思想，满足于考试成绩、实验室成果等，不甚明白教授知识、学习理论的根本目的是应用。大连理工的师生参与产学研合作项目，进入企业产品研发—生产的实践后，思想触动很大，实现了“学研”向“产学研用”的思想转变，真正明白了“用”，即理论知识—工艺技术—造出市场需要的优质产品，才是教师教学、学生求学的出发点、落脚点和检验标准，促使他们关注企业需求，关注知识应用，关注生产过程与产品品质。

提升了“理论—工艺—产品”的转化能力

合作团队的师生揣学校专业理论的“满腹经纬”进入“产学研用”实践，面对企业期望，面对亟待解决的技术问题，往往举步难行，在运用所学理论解决实际工程问

题时捉襟见肘。于是，潜心生产实践，提炼理论分析问题，虚心求教拓展思路，刻苦钻研解决办法。教师更多地采用了案例教学，让学生“茅塞顿开”，带领学生将专业理论转化为工艺技术，造产品的能力随之增强。

促进了研究生培养模式的落实与成效

“产学研用”联合培养研究生，是研究生教育主动服务国家创新发展战略的重要途径，但具体实施中，高校往往主动性不强，与企业的联合程度不高，学生参加企业生产实践的机会少，参与度低。此次大连理工与上海航天设备合作，学校主动配合，由优秀教师带队，选择优秀学生参加，深入企业调研，弄清企业困惑与需求，然后明确分工、责任和路径，教师指导鼓励学生汲取理论精髓，形成工艺方法，聚力产品创造，培养了学生产品导向、问题导向的意识与能力，取得了学研方“教研成果落地、学生能力增强、培养模式完善”的三重效果。

专家点评

蒋伟忠

教授，东华大学材料学院原副院长

本案例是航天领域知名企业与机械工程领域著名高校产学研强强合作，攻克关键新材料加工技术难题，使科研成果转化为生产力的成功典型。

本案例产学研合作模式清晰，自上而下形成三级架构。合作目标明确，即攻克“激光加工熔覆头”核心技术。为此，合作双方发扬了中国航天人“自力更生、艰苦奋斗、大力协同、勇于登攀”的拼搏精神，使合作得以实现。既解决了“大型金属构件增材装备”核心技术研发难题，又将研发成果成功应用于更多领域，同时极大提升了企业研发团队的创新能力、企业产品质量、高校师生的科研能力，并带动了相关学科的进一步发展，效果显著。

案例 10

同舟共济，十年携手治废水

泓济环保和同济环境学院产学研合作案例

合作方简介

上海泓济环保科技股份有限公司

上海泓济环保科技股份有限公司（简称“泓济环保”）创立于2006年，是一家创新型环境综合治理服务企业，国家级重点专精特新“小巨人”企业。公司员工200余人，其中三分之一具有研究生学历，环保、化工、机械、电气、结构等专业人才齐备，人才优势明显。公司聚焦工业“三废”综合治理和市政水务全产业链服务，为工业企业、产业园区等提供技术咨询、产品研制、设备销售和建设运维等一站式环保综合服务。其研发成果先后两次获上海市技术发明奖一等奖。2020年，公司入选工信部“2020年绿色制造系统解决方案供应商”。

同济大学环境科学与工程学院

同济大学是全国著名重点大学，其环境科学与工程学院（简称“同济环境学院”）是全国高校最早学院建制的环境教育、科研学府，拥有污染控制与资源化研究国家重点实验室、城市污染控制国家工程研究中心、环境科学与工程国家级实验教学示范中心等国内一流的环保科研教学平台。刘佳教授团队专攻绿色低碳环保理想技术研究，曾主持多项国家科研项目，研发技术编入“国家水专项标志性技术”，成果应用于太湖、长三角、内蒙古乌梁素海等重大污染防治项目。

我国环境治理中，工业废水处理是重要组成部分。其中，我国富煤、贫油、少气的现状，决定了煤在能源体系中的支柱性地位，因此煤化工废水处理成为环保顶级难题之一，是实现绿色低碳战略的拦路虎。法国、荷兰等国拥有先进技术，但成本颇高，无法引进。怎么办？毕业于同济环境学院的泓济环保董事长王文标立志挑战难题，提出要对处理煤化工废水的“克星”——微生物填料进行创新研发，以实现提升处理效果和降低成本的“双目标”。然而，要研发出这样的新型填料，仅靠企业的力量远远不够，于是王文标第一时间拜访母校同济环境学院，达成了合作意向。

合作过程

精诚合作，造就“噬妖神兵”

合力攻关，两年突破核心技术

填料是生物处理技术中微生物的载体，为微生物的生长和活动提供生活和社交空间，好比微生物的“社区中心”。微生物只有在适宜的环境中，代谢活性和集体力量才能发挥出最大效率，“吃掉”更多有机污染物，将污水变清水。传统的填料由于结构单一、表面积小，不利于微生物“入住”和微生物种群的“生活”，会经常发生堵塞、板结等，难以在高浓度的煤化工废水处理中发挥作用。泓济环保技术人员通过对实际情况的深入调查和研究后，提出了新填料的三条标准：1. 要有良好的亲和性，使微生物能够快速附着生长；2. 要有较大的空隙率，保证微生物有充足的生长空间，既易代谢，又不会堵塞；3. 要有足够的强度，在污水不断冲击下不被破坏，能长期使用。简而言之，效果要好，成本要低。

根据泓济环保的重要意见，以刘佳教授为首的同济环境学院团队，在实验室开始了新型填料的研发。经过双方不断的磋商、实验和论证，一种新型高分子载体填料——酶浮填料两年后成功诞生。

酶浮填料是一种固定床平板填料，具有比表面积大、空隙率高、亲和性好、强度

酶浮填料

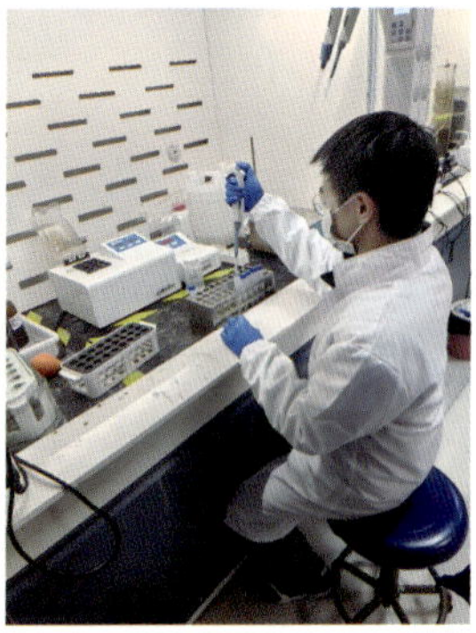

研发人员在实验室工作

高、寿命长的特点，能够为微生物创造良好的生长条件，显著提高微生物种群的数量、多样性及酶活性，通过发挥不同种群间高效协作的降解作用，有效提高污水中有机物、氨氮、总磷等污染物的去除效果。它的诞生实现了泓济环保的初衷。

酶浮填料问世后，首先被泓济环保用于内蒙古一家煤化工企业的废水治理项目。将其替换传统填料后，处理水量提高了 20% 以上，吨水处理能耗下降了 30%，经处理的废水各项指标稳定达到国家排放标准。功夫不负有心人，酶浮填料的功效很快得到了煤化工行业的广泛认可和好评。

马不停蹄，举一反三满足需求

随着酶浮填料用户的不断增加，新的问题暴露出来：由于企业产品不同、生产环境各异，产生的废水成分各不相同，用同样的酶浮填料去处理，效果不一。这对泓济环保与同济环境学院的合作提出了更高要求，即必须“一厂一策”。为此，合作双方采取了“前后方协同作战”的方式。身在前方的泓济环保技术人员收集各地煤化工企业废水中的微生物样品，冷冻后快速送达同济环境学院实验室。身居后方的研究人员对微生物样品中的细菌、真菌、放线菌等的基因片段进行抽提、扩增、测序、机理研究，以揭示微生物降解不同废水的代谢机制。然后，针对性地添加不同的外加剂，对酶浮填料进行改性，以产生足够的“亲和力”及耐酸碱、耐腐蚀性等，从而满足不同类型的煤化工废水的处理需求，达到预期的处理效果。这一科学务实的精细化服务，受到企业用户的高度评价。

酶浮填料在污水处理中的应用

乘势前进，攀登环保技术高峰

成功的喜悦使泓济环保和同济环境学院难以停下前进的步伐，他们将合作延伸到了更广领域，达到了更高水平。

在工艺创新上

经过不断探索，形成了以酶浮填料为核心产品的 HBF 高效脱氮工艺；针对难以降解的有机污染物，摸索出了 UC 水解酸化工艺等，其通用性颇强，使不同的用户能便捷使用。目前在全国煤化工废水处理领域，泓济环保服务的客户已达 60 余家，名列全国环保企业前茅，有效削减了这些企业污染物的排放量，并达到了 70% 的废水处理后可正常使用的高水平，大大增强了煤化工企业绿色发展的竞争力。

在设备开发上

根据不同废水的性质和治理要求，在提供不同表面特性、不同立体结构的酶浮填料的同时，开发出了适合填料“入住”的不同高度、间距和空间类型的成套设备产品；并能根据用户要求，对设备进行提档升级改造；对有特殊要求的企业，则提供定制化设备。

在应用领域上

一是将技术与服务拓展到了精细化工废水处理领域，包括医药、农药、有机硅行业等。二是研发出用于农村污水处理的系列产品，为解决我国农村污水处理项目投资大、建设质量参差不齐、管理运维难等问题，提供了优质的泓济环保方案。

iCUBE 一体化在村镇污水处理中的应用

合作模式

规则保驾，能量倍增

企业充分发挥主体作用

心怀企业责任，主导合作目标

泓济环保主要负责人具有强烈的社会责任感，善于登高望远，聚焦国家环保战略，勇于将煤化工废水这一环保“顽症”扛在肩上，对准一定要研发煤化工废水的“克星”——酶浮填料这一高目标，千方百计，锲而不舍。

善用优质资源，滚大合作“雪球”

企业怀揣雄心，亦深知自身力量不足，便主动真诚地与一流“智囊”同济环境学院紧密合作，积极提供一切必要条件，充分发挥专家学者和学院先进的科研设施的作用，进行合力攻坚。并乘势拓展，将合作的高校增至复旦大学、东华大学、合肥工业大学和苏州科技大学等，充分利用外脑，“借梯登高”。

深挖内部潜能，求得人、物双丰

为达目标，企业不遗余力地选拔具有创新能力的年轻科研骨干，组成研发团队，和同济环境学院专家们一起联合攻关，学习磨炼。并筹集巨资，建设了占地一百亩，集研发实验、先进制造和智慧化运维于一体的研发中心，有力加强了项目研发、科研成果转化和产业化。

形成高效的合作模式

制订合作规划

泓济环保与同济环境学院合作之初，就在合作协议中明确：建立以企业为主体、市场为导向、产学研相结合的技术创新体系。坚持问题导向，重点解决“卡脖子”的关键技术；坚持市场化取向，促进科技成果尽快转化成现实生产力；坚持风险共担，明确各方责权利，最大限度地降低研发风险；坚持多元化，不断扩大合作范围；坚持紧密型合作，双方各尽其力，使合作成为分工不分家的“命运共同体”，提高研发成功率。并据此明确双方责权，即泓济环保负责提供科研课题研究和攻关所需要的实验设备及科研经费等。同济环境学院负责课题相关技术研究，并积极推动科研成果落地推广。在科研成果申报专利、奖项及成果转化前，双方签订保密协议，履行保密义务。

搭建组织架构

攻关项目确立后，双方明确了由多部门参与的产学研合作组织架构，构建起了“生产制造中心”“知识学习中心”“研发实验中心”等分支。同济环境学院谢丽教授为双方合作的首席专家，双方派人组成科研项目领导小组，负责决策、协调和项目实施过程中的具体事务。随着合作的不断推进，形式与工作方式也不断优化，促进了合作的有序高效。

制订基本制度

包括：科研课题立项制度，以合作中亟待解决的科研问题为主，双方提前配备相关实验资源、资金、人员等，为科研攻关启动提供保障；科研计划管理制度，订立攻关项目进度计划，每月举行一次交流会，通报工作情况，研究解决新问题；科研经费管理制度，结合项目特点编制预算科目，进行预算评审，及时拨付经费，确保科研活动按计划进行；知识产权激励制度，对科研成果完成人和促进科技成果转化做出重要贡献的人员给予报酬和奖励，并约定科技成果转化收益分配办法等。

签订育人协议

为帮助企业培养复合型技术人才，双方签订了合作育人协议，以面临的科技难题和市场需求为导向，明确培训目标，针对性设置课程，旨在提升双方人员能力。一方面通过项目课题研究，有效培养企业参与人员，提高他们的科研能力；另一方面挑选优秀学生到企业，增强他们的理论实践能力，至今已有十多名学生毕业后加盟泓济环保，成为企业科研后备力量。

各方收益

成果迭出，喜出望外

泓济环保收益满满

实力一跃而起

产学研合作，为企业提供了强大技术支撑，助力泓济环保制定了具有前瞻性的技术创新规划，帮助企业建立了研发队伍、实验室，实施复合型人才培养等，有效提升了企业的科技水平和产品的科技含量，使企业产品经受住了市场激烈竞争的考验。酶浮填料成为市场的“明星产品”之一，泓济环保的污水处理方案成为全国领先的优质解决方案。

企业快速发展

泓济环保人员由初创期的 20 多人，发展到现在仅上海总部就达 200 多人，并在安徽、山西、陕西以及湖南省建立了多个子公司，业务覆盖废水处理、废气治理、危废物质焚烧等多个环保板块，建设项目分布除西藏和港澳台地区外的全国各省市。企业经济效益和知名度持续提升。

科研成果丰硕

与同济环境学院合作研发的“酶浮填料”2011 年获国家发明专利，2013 年被上

UC 工艺在污水处理中的应用

ADN 工艺在污水处理中的应用

海市认定为高新技术成果转化项目；双方联合发表学术论文 10 余篇；拥有专利、著作权、商标等各类知识产权 100 余项；获上海市技术发明奖一等奖 2 项、三等奖 1 项、环境技术进步奖一等奖 1 项；工业废水处理解决方案获发明创新奖；公司董事长被国家科技部评为创新创业人才，被上海市评为领军人才。

同济环境学院相得益彰

建立了应用型人才培养模式

通过合作，“科研能力强”成为学院着力打造的品牌标志。学院每年为企业培养多名专业技术人才，使企业源源不断获得科研新生力量。在学生培养中，进一步注重实践教学、科学研究与自主创新有机结合，鼓励并引导学生投身科学研究和实践创新，不断提高创业意识和创新能力，努力成为环境污染治理战线上的高级人才。

促进了学科发展

通过和企业持续合作，学院对工业废水治理的研究水准已居国内领先水平，增强了学院在“国家 A+ 重点学科”建设中的影响力。校企互动，学科交叉融合，培养更多环保科研人才服务国家发展战略的目标，已被列入同济环境学院优化教学的设置之中。同时，提升了学院的国际交流合作水平。2021 年，学院与泓济环保共同申请了中国科学技术交流中心主管的中国和丹麦政府间科技合作项目“工业多源二氧化碳生物转化甲烷技术研发和示范”，实施期为 2022—2024 年。双方期待通过进一步合作攻关，提升学院的国际影响力和合作企业的技术创新能力。

项目团队成员

专家点评

沈恒根

教授，东华大学环境科学与工程学院原院长

针对煤化工废水处理关键技术国产化，同济大学毕业生创办的企业与母校合作，合力攻关，突破了核心技术——酶浮填料，并由此延伸到产品功能性开发，再拓展至多领域的工程应用，其处理方案成为全国领先的优质解决方案。

此案例所呈现的是“新母子共同体”产学研合作模式，即企业负责人瞄准目标，紧紧依托母校，母校全力支持企业，双方分工明确，各尽所长，紧密合作，成为“命运共同体”，最终加快了产学研成果落到实处并取得了显著的经济效益和社会效益。这一案例很值得企业和高校借鉴，充分发挥高校毕业生创业创新是加快高校科技成果产业化的快捷之路，也是毕业生创办企业提升自身核心技术的捷径。

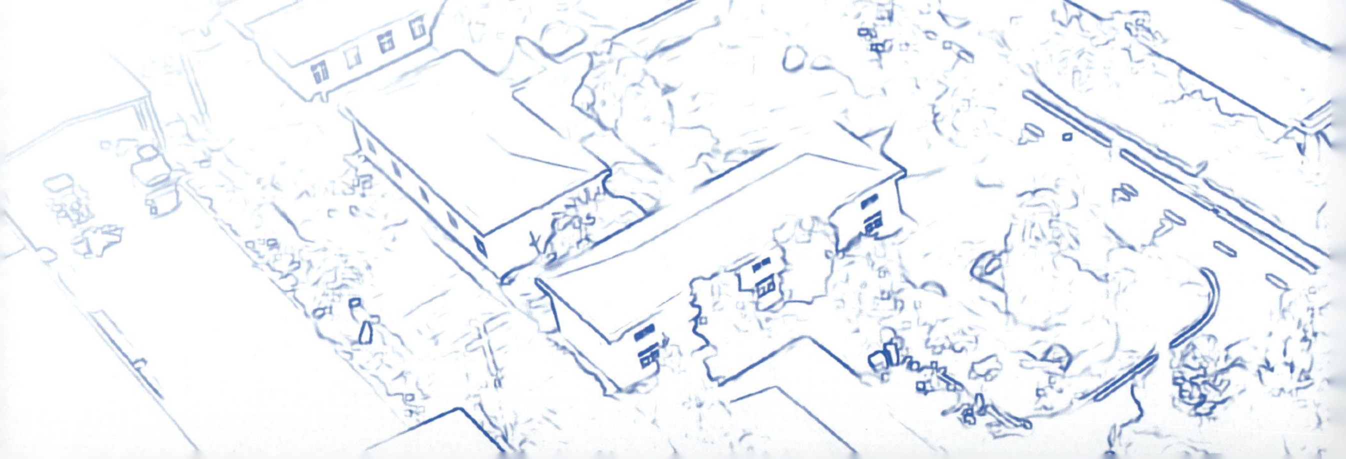

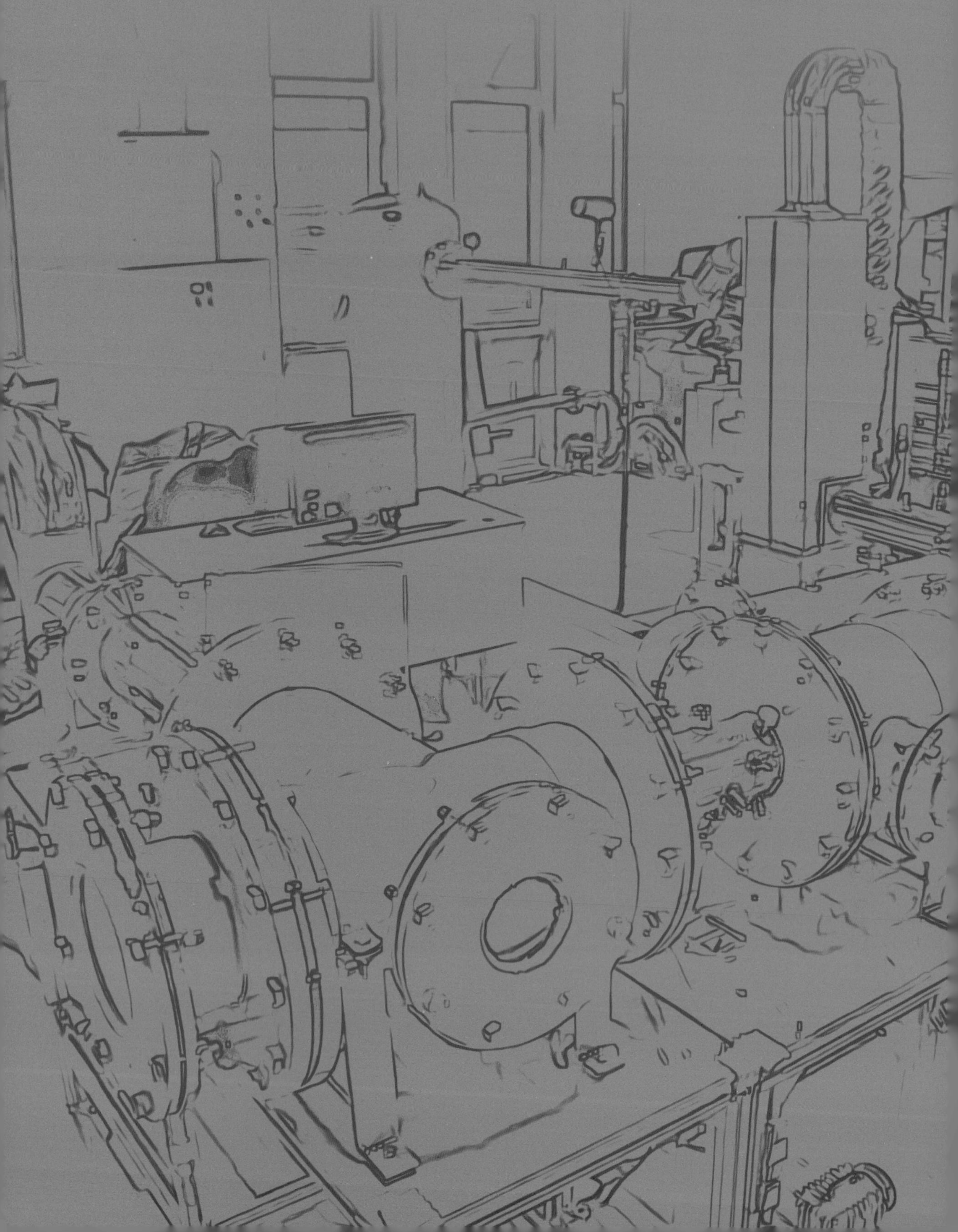

案例 11

携手勇摘
装备制造业皇冠明珠

新奥动力与同济能源学院、上海智殷
联合研制微型燃气轮机产学研合作案例

合作方简介

新奥能源动力科技（上海）有限公司

新奥能源动力科技（上海）有限公司（简称“新奥动力”）成立于 2013 年，员工 400 余人，技术人员近 50%。专注于微、小型燃气轮机研制，其拳头产品具有完全自主知识产权，填补了我国微型燃气轮机产业化的空白。2016 年，新奥燃机作为重大标志性成果亮相国家“十二五”科技创新成就展。目前，新奥动力持有近百项专利授权，微、小型燃气轮机年产能力达 1 500 台。

同济大学机械与能源工程学院

同济大学是我国著名大学，其机械与能源工程学院（简称“同济能源学院”）涵盖了机械工程、动力工程及工程热物理两大一级学科，建有“同济大学－西门子机电控制实验室”等重点实验室。学院朱彤教授团队在高效洁净燃烧，特别是超低氮燃烧技术研究上享有盛誉，已获发明专利 5 项，完成了国家重点基础研究“973 计划”中的多个重点科研项目。

上海智殷自动化科技有限公司

上海智殷自动化科技有限公司（简称“上海智殷”）成立于 2014 年 6 月，专业从事工业机器人产品开发及应用系统集成，在电机控制系统开发、热管理和谐波控制方面拥有丰富经验和技术优势。

18 世纪 60 年代，第一代动力机械蒸汽机问世，开创了以机器代替手工劳动的时代。19 世纪 70 年代，第二代动力机械内燃机发明，开启了汽车、机车、船舶时代。20 世纪二三十年代，第三代动力机械燃气轮机的诞生，有效解决了内燃机对燃料要求高、对环境污染等问题，被广泛应用。燃气轮机作为划时代的动力设备，研发难度极大，长期为西方发达国家技术封锁，被业界称为“装备制造业皇冠上的明珠”。

燃气轮机按功率等级可分为重型（50 兆瓦以上）、轻型、小型、微型，其中 1 兆瓦以下的被称为微型燃气轮机（简称“微燃机”）。微燃机以其体积小、重量轻、污染少、可适燃料多、综合能源利用率高等优势，适用领域甚广，是分布式能源系统、动力装备以及小区域范围最佳动力源设备。2018 年以前，我国微燃机全部依赖进口，美国凯普斯通公司约垄断了 80% 份额，其余为意、德等国占据。作为我国微、小型燃气机研制的“新锐”企业，面对国之重器被“卡脖子”，新奥动力下决心突破。

合作过程一

瞄准制高点，迎难而上

造出初代机，实现零的突破

2013 年，新奥动力全面审视了国内外燃气轮机技术和市场现状后，立志制造出自己的微燃机，为国家争光。然而荆棘丛生路漫漫，如何迈步？新奥动力高层商定，先实现从无到有，造出初代机。

经过两年攻坚，2015 年 7 月，新奥动力的初代微燃机诞生。但对比国外产品，差距明显。一是发电效率低，主要原因是发电机组采用的是滑动轴承和低速电机，配备了减速齿轮箱，自身功耗大，综合能效只有 70%。而当时国外产品普遍采用的是功耗更低的滚动轴承和高速电机，配有高频控制器，无减速箱，综合能效达 85%。二是尾气污染值高，主要原因是燃烧室结构落后。如何解决？一是企业独立研制，“硬啃骨头”；二是邀请“高手”合作研发。新奥动力高层和研发人员一致认为除产学研合作之路，别无坦途。

找到合作伙伴，组建产学研联合体

针对难题，新奥动力首先想到了以前合作过的老朋友，在高效洁净、超低氮燃烧技术领域实力雄厚的同济能源学院朱彤教授团队。新奥动力拜访了朱彤教授，诚邀其助力攻关，朱彤教授欣然应允。

同时，新奥动力又多方寻觅研发高速电机专用高频控制器的“劲旅”。上海市科委推荐了上海智股，新奥动力竭诚相邀，上海智股也一口答应。

合作过程二

全力攻关，五年问鼎

三方决定合作后，迅速制订了详细的研发计划。2015 年 11 月以“微型燃气轮机高效传动及燃烧关键技术研究”为题申报了上海市科委重大科技攻关专项，获资金支持 2 000 万元，项目就此展开。

基础技术攻关

2015 年底，新奥动力、同济能源学院和上海智殷通过深入分析，找到了二代微燃机亟待解决的问题，明确了各自承担的基础技术攻关任务，研发随即展开。

新奥动力负责两项。一是微燃机的支撑系统优化。解决的关键是改滑动轴承为传动效率高的滚动轴承。新奥动力经过一年努力，终于设计出了新型滚动轴承的支撑结构，解决了支撑系统的“核心”，接着又研发出了轻便紧凑的新高速柔性“联轴器”，从而保障了微燃机支撑系统的升级。二是高速电机的研制。高速电机的基本要求是在高速旋转时，保持高度稳定，自身温度不超过 150 ℃，不致损坏元器件。新奥动力通过先进的电磁设计、高效冷却设计等技术，成功研制出功率为 160 千瓦、转速达 51 000 转 / 分的高速电机，取代了每分钟 3 000 转的低速电机以及减速齿轮箱。

上海智殷负责高频控制器研发。高频控制器的基本功能是控制高速电机的转速与

微燃机燃烧试验台

研发人员在试验现场工作

转向，实现高速电机的预期效能。上海智股采用无差拍电流预测控制算法等技术，极大地缩短了功效周期，将高频控制器的频率提高到了 1 000 赫兹，而当时国内市场产品的频率仅为 500 赫兹。

同济能源学院负责解决低排放燃烧问题。经仿真模拟和物理实验，同济能源学院发现将燃烧室火焰的平均温度控制在 1 300 ℃左右，即可明显减少尾气排放中氮氧化物和一氧化碳含量。而要控制平均温度，必须优化燃气喷嘴和火焰筒。同济能源学院首先创新了燃气喷嘴结构，将单孔单通道变成单孔双通道，并设计了主辅两个通道空气与燃料进入量的最佳配比，从而控制住了进入燃烧室火焰的平均温度。其次优化了火焰筒结构，火焰筒是燃烧室的组成部分，表面的冷却孔用以降低高温。同济能源学院将火焰筒的冷却孔改为口径不一的大孔和小孔，并设定了最佳孔距。最终，新型燃烧室研制成功，其中尾气氮氧化物含量从百万分之四十五（45 ppm）下降到了百万分之二十五（25 ppm）；一氧化碳含量从百万分之六十（60 ppm）下降到了百万分之四十五（45 ppm），实现了设计预期。

2017 年底，合作三方顺利完成了各自负责的技术突破以及相应的基础测试。

各部件联合测试

2018 年初，三方将各自突破的部件聚合于整机试验台，进行组合测试。两个问题出现了，一是部分负荷下一氧化碳排放超标，二是整机持续振动。三家随即“会诊”，发现一氧化碳值偏高的主要原因是燃烧室按微燃机满负荷（固定负荷）运行状态设计，而在整机测试时，微燃机从启动到满负荷运行时，负荷是变化的。同济能源学院再度攻关，通过反复模拟仿真和物理实验，掌握了微燃机在 40% ~ 100% 负荷运行状态下，燃烧室空气与燃料的最佳配比数据，通过增加新通道、新增调节阀门等办法解决了问题。针对微燃机整机持续振动问题，新奥动力通过优化整机动平衡设计、提高有关零件的加工及装配精度，使问题迎刃而解。

项目小组现场讨论会

项目小组试验台运行检测

经过两年反复调整测试，2019 年底，微燃机各部件的联合测试终于获得总体设计的理想效果。

二代机诞生

各部件联合测试成功后，新奥动力花了大半年时间完成了二代机的集成。2020 年 7 月，微燃机体被装入通风、冷却、隔音性能好，体积为 10 立方米（长 3 米 × 宽 1.5 米 × 高 2.15 米）的箱体内，与初代机组相比，体积缩小了 58%。二代微燃机诞生后，同年 8 月，市科委对项目予以验收，结论为：二代微燃机机组发电功率达 130 千瓦（市科委考核指标为 110 千瓦），发电效率达到 27.7%（市科委考核指标为 25%）；在 40% ~ 100% 负荷变化范围内，尾气污染氮氧化物值 < 25 ppm（市科委考核指标为 < 30 ppm，国际先进水平为 < 15 ppm），一氧化碳值 < 40 ppm（市科委考核指标为 < 40 ppm，国际先进水平为 < 25 ppm），各指标均达到立项指标，综合效能达 85%（初代机为 70%），与国际先进水平持平。通过中国科学院上海科技查新咨询中心的查新，得到“该项目综合技术达到了国内领先水平”认定。

通过用户检验

虽然微燃机研制成功，通过了课题验收，但最终要通过用户检验。为此，新奥动力用了两年时间，进行了不同场景的示范验证，包括胜利油田、辽河油田、养殖场沼气利用、企业热电 - 蒸气联产、商务楼宇冷热电联供等 7 个项目。及时解决了在现场项目运行中升速过程中熄火、压缩机报警、冷却油泵故障、静音箱体超温、空气过滤网结冰等问题，对产品做了优化提升。

高速电机高频控制系统验证测试平台

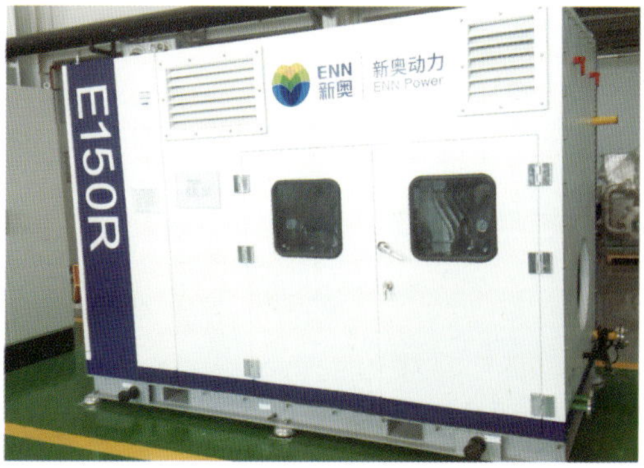

二代微燃机

合作模式

三驾马车，驰骋有度

企业充分发挥主体作用

确立合作攻关目标

新奥动力根据微小型燃气轮机制造技术前沿信息，自身优劣势等，缜密思考，勾勒了合作攻关蓝图，包括攻关目标、攻关重点、攻关路径、合作三方主要任务等，思路完整可行。

全力投入人财物

为实现合作攻关目标，新奥动力聚集了全部的技术力量 200 多人，并在科委支持的经费之外，额外投入了 2 000 余万元作为试验经费，同时在上海临港新片区建设了研发基地，在河北廊坊投资建设了制造基地等。

积极开掘社会资源

形成产学研合作联合体后，共同向市科委申请了研究课题，积极争取政府的有力支持，并顺利通过最后的项目验收。整个合作攻关期间，不断地积极利用“外脑”，邀请各类专家参与研发，有力助推了最终目标的实现。

三方合作模式清晰

制定了合作规划

在市科委的指导帮助下，共同制定了合作规划，明确了合作的基本问题，包括：项目的研发路线和主要指标，研发团队的组织架构、具体分工，执行推进和资源协调的方式，共建技术验证平台和人才培养、成果分享方式等内容。

建立了合作机制

成立了项目领导小组，由新奥动力总经理亲自挂帅，设定合作目标、安排研发人员、协调财务资源、主导项目推进。下设三个子课题小组：微燃机核心研发小组，由新奥动力副总李成勤任组长，负责微燃机核心机技术难点攻关、高速电机研制、整机集成；低排放燃烧室研发小组，由同济能源学院朱彤教授任组长，负责微燃机变工况低排放燃烧技术研究；高频控制系统研发小组，由上海智般首席科学家迟永琳任组长，负责高速电机控制系统开发。为保障合作目标实现，建立了基本制度，如子项目小组内部周例会制度、月度汇报会制度、不定期的专题技术讨论会制度等，及时研究解决突出问题。

共建了合作平台

一是变工况低排放燃烧技术验证平台，二是高频控制技术验证平台。单项技术完成理论设计及部件试验后，直接在验证平台和整机上调试，实现了测试数据的及时共享，过程研发成果的及时转化。

E150 微燃机核心团队

各方收益

三方合作，一举数得

新奥动力

促进了企业的技术进步

经过 5 年合作，新奥动力显著提高了自身的技术水平，如优化了“高速电机的结构设计与工装工艺”、掌握了“高速电机启发逆变技术”、设计了“燃机高效支撑技术系统”等，形成了“燃烧器的旋流结构”“燃烧器和燃气涡轮机”“内燃机余热利用系统”等 13 项知识产权。

开辟了企业的经济效益增长之途

新奥动力研发并生产了 100 千瓦微型燃气轮机，还带动了 300 千瓦、600 千瓦、2 兆瓦等 3 款燃机型号的研发生产，形成了微小型燃气轮机系列化型谱，并在廊坊建成了年产能为 1 500 台的生产线。3 年疫情虽然影响了产品销售，但企业高质量地完成了 7 个示范项目。2023 年开工以来，已有多个订单在洽谈签订之中，未来前景可观。

加快培养了企业的年轻研发团队

微燃机研制的 5 年，也是企业人才成长较快的 5 年，研发人员从 2015 年的不到 10 人，迅速达到 2020 年的近百人，30 ~ 40 岁的年轻骨干成为研发团队的主体，他们在项目攻关中得到淬炼，补了新奥动力的短板，企业后劲倍增。

增加了企业的社会资源

与同济能源学院、上海智殷合作的过程，也是企业不断增加新社会资源的过程。目前，新奥动力已与上海交通大学、上海大学、上海电力大学、湖南大学、大连理工大学等高校分别在空气轴承研发、燃气轮机控制系统、燃气轮机分布式能源系统、燃气轮机控制、半物理仿真等方面开展合作，逐步构建了国产微小型燃气轮机的研发生态，促进了企业产品的研发效率。

同济能源学院

加快了科技成果转化

围绕市场需求开展科研，科研成果迅速在产品上直接应用，明显缩短了实验室成果转化为企业产品进入市场的周期，提高了科技成果转化效率。通过与企业合作，得到了产品的直接数据，验证了理论研究结论、修正了仿真实验数据，解决了不少科研困惑。形成了“低氮排放的燃烧室及含有该燃烧室的燃气轮机”“燃气轮机低排放燃烧室及变负荷空气分配调节方法”“双旋流贫预混喷嘴及其应用”等 3 项发明专利，并发表了 4 篇学术论文。

提高了人才培养水平

依托与新奥动力共建的“人才培养与产学研合作基地”，一是为同济能源学院的研究生提供研究课题和实验场所，由教师与企业研究人员共同提供论文指导。二是安排实习岗位，为参与项目的学生提供了理论联系实际的通道，锻炼了他们在生产实践中运用与提炼理论知识的能力。三是进一步完善了研究生培养机制，参与项目的 6 名研究生进步显著。

上海智股

上海智股作为制造方面的高新技术企业，通过介入“微型燃气轮机高效传动及燃烧关键技术研究”的项目合作，既贡献了企业的优质资源，也检验和提高了企业优势专业技术，同时与新奥动力一样，取得了人才培养、经济增长、影响扩大等方面的效益。尤为显著的是提升了高速电机控制技术，成功研发了高速电机控制器并转化为产品，形成了“通过视觉图像实时定位的机器人编程方法”“机器人加工路径的智能示教装置”等 3 项知识产权。上海智股与新奥动力在项目合作成功的基础上，成为微燃机系列产品生产合作伙伴，开拓了产品市场，可谓“一举数得”。

专家点评

程武山

教授，上海工程技术大学机械工程学院原院长

此案例生动弘扬了“产学研合作”理念，展现了三方合作攻关的递进融合过程，即“企业难题—强强联手—分解攻关—联合优化—各方共赢”。最终，实现了企业核心技术突破，填补我国微型燃气轮机空白，达到国际先进水平，合作方“一举数得”的共赢目标。

此案例中，新奥动力站位高远，瞄准“卡脖子”难题，紧紧依靠同济能源学院的超低氮燃烧技术优势，上海智殷的电机控制研发优势，以及政府支持，形成“三位一体”合作关系。合作目标清晰，组织架构与分工明确，企业领导人全过程组织协调，特别是面对困难，三方步调一致，奋斗拼搏，直至目标实现，其精神十分可嘉。

案例12

“壹同”联手，妙招降服“湿垃圾”

壹柯环境与同济环境学院产学研合作之路

合作方简介

上海壹柯环境科技有限公司

上海壹柯环境科技有限公司（简称“壹柯环境”）于 2014 年 8 月创建，现已成为一家拥有全球领先微生物菌群核心技术、活性扩增生物舱，集全线微生物生产及远程智能控制网络为一体的上海市高新科技企业。多项技术达到国内领先水平，其中红外热释放电气体传感器技术居国际领先水平。拥有专利 9 项，软件著作权 7 项，专有技术 2 项。

同济大学环境科学与工程学院

同济大学是全国重点大学，其环境科学与工程学院（简称“同济环境学院”）拥有污染控制与资源化研究重点实验室、城市污染控制国家工程研究中心等平台，先后承担了国家科技攻关计划多项重大科研项目，获国家级与省部级科技奖励多项。陆志波教授团队长期从事固体废弃物资源化与二次污染控制研究，主持多项国家重点科研项目，在有机垃圾高值化利用等方面多次获奖。

厨余垃圾是居民日常生活、餐饮及食品加工等产生的垃圾，量大面广，处理此类垃圾的方式有填埋、肥料化、饲料化、能源化以及微生物处理等，其中，“微生物处理”是先进方法，基本过程为：微生物菌剂→厨余垃圾→处理设备→充分搅拌→微生物生物作用→降解为有机质→有机质与废水经检测无害后排放→有机质用以改良土壤。处理设备的技术原理是通过多种传感器检测设备内的温度、湿度、重量等，及时调节各数据，求得最佳处理效果。

2015 年，壹柯环境在国内率先成功研发厨余垃圾微生物处理技术，研制出源头 50 公斤、100 公斤、200 公斤处理量级的设备，在上海嘉定江桥镇政府食堂成功使用后，陆续推广至其他学校、社区、菜市场等厨余垃圾产生源头，效果良好。

合作过程

挽臂攀登步步高

合作初见成效：转化“同济”专利，“壹柯”挺进高寒地区

壹柯环境造出首台厨余垃圾微生物处理设备后不久，2016 年初，一个高寒地区科研单位找到同济环境学院陆志波教授，诉说在厨余垃圾处理上的窘迫：当地气温极低，交通不便，一般的厨余垃圾处理设备会产生排污情况，不能满足当地较高的环保要求，希望同济环境学院能帮助解决。陆志波教授急人所急，迅速找到壹柯环境，壹柯环境随即答应。为使壹柯环境的设备能适应超低温环境，必须对设备进行优化，双方又邀请了传感技术水平较高的上海硅酸盐研究所加盟。三家联手后，以“超低温状态下厨余垃圾快速无害分解”为目标，着手转化同济环境学院的“一体化自养脱氮系统的快速启动方法”，优化壹柯环境的厨余垃圾微生物分解设备。经过三家合力攻关，2016 年底，一台 100 公斤处理量级的壹柯环境新设备运往该科研单位，经使用，获得评价：设备使用便捷稳定、减量率高，使用处理后无液态二次污染物排放，完全符合高寒地区条件的厨余垃圾无害化处理要求。“挺进高寒地区”一举成功。

合作再见成效：携手攻关，破解“鞭长莫及”

壹柯环境新设备就地处理高寒地区科研单位的厨余垃圾，采用的是智能控制技术实施远程控制。然而，该科研单位距离上海很远，当地基础设施落后，设备安装使用一段时间后，新问题出现了：通信不稳定，几度无法远程操控。于是，“提升设备智能化效率”成为合作团队的新目标，并做了基本分工：壹柯环境在设备的智能化升级上突破，上海硅酸盐研究所在传感技术上予以配合支持，同济环境学院在微生物应用效率上突破。

几十次反复实验后，“调整微生物配比，以增强微生物效能”的优化方案由同济

环境学院形成；“新增生物酶传感器、热释电温度传感器等，以增强设备敏感度，提升处置效能”的优化方案由壹柯环境形成，“软、硬”方案合成，优化的处理设备诞生了。优化设备根据微生物群的繁殖特性，通过物料重量、温湿度等传感数据，动态调节设备内部环境，为微生物提供最佳繁殖条件，进而实现了理想的处理效能，即设备升级成一个无须遥控的自适应运作系统，原设备远程控制“鞭长莫及”的难题得以破解。2017、2018年，该高寒地区科研单位又连续引进两台“壹柯”设备，共三台“壹柯”设备在该高寒地区工作，保护着当地环境。

合作大见成效：共破难点，智能化助优势菌种

2019年7月1日，《上海市生活垃圾管理条例》正式实施，厨余垃圾处理设备的市场需求剧增。但机遇与挑战往往并存：全社会的厨余垃圾构成复杂，成分多变，排量不等，具有不可控性；而处理设备的工艺和控制程序都为预先设定，这一矛盾势必导致处理效果不稳定。

市场需求倒逼企业，如何采用新的工艺程序，适应“海量”厨余垃圾的复杂与变量，成为壹柯环境和同济环境学院合作的新挑战，促使两家深化合作。同济环境学院继续优化微生物中关键菌株的配比、繁殖与生产，目标是研发出在不同变量下都能高效降解各种厨余垃圾的优势菌种；壹柯环境需要引进物联网管理平台，目标是实现设备运行的全程智能化。

10个月后，一套新型的微生物处理中央智能控制系统应运而生，它集成了动态监测微生物活性数据采集模块，完善了微生物生长繁殖全过程动态平衡，形成了集微生物技术、环境技术、物联网技术、自动化控制等技术于一体的厨余垃圾处理解决方案。

同济－壹柯技术研究所合作签约

项目企业方核心团队成员

合作迈上新台阶：减量无害利用，助力清洁低碳

2020 年 9 月，国家确立“双碳”战略目标。弄潮儿再向潮头立，双方团队决心在高效清洁低碳的厨余垃圾资源化处理技术方面取得新突破，走在行业前列。他们向国家科技部联合申报了 2020 年度国家重点研发计划项目：“典型社区生活垃圾投放规律及收集模式研究”“易腐组分臭气监测预警”与“消减净化技术研究”等 3 个项目。2021 年 8 月，上海市科委推出关于“双碳”专项第一批项目，他们承接了“湿垃圾高效清洁低碳资源化处理关键技术研究与示范”项目，共同开展厨余垃圾快速定向生物转化和原位减排低碳技术研究，目标是：能耗降低 60% 以上，利用好产出物，增强低碳能力。

同时，大力推进在崇明横沙岛的碳中和试验示范项目，用了 3 台 1 000 公斤量级的设备，对岛上的居民、单位、餐饮业、菜场的湿垃圾进行微生物无害化处理，经过一年多艰苦努力，至 2021 年 3 月，基本做到了全岛湿垃圾不出岛，处理产生的有机介质物被用于农林土壤改善，为崇明生态岛建设做出了实质性的积极贡献。

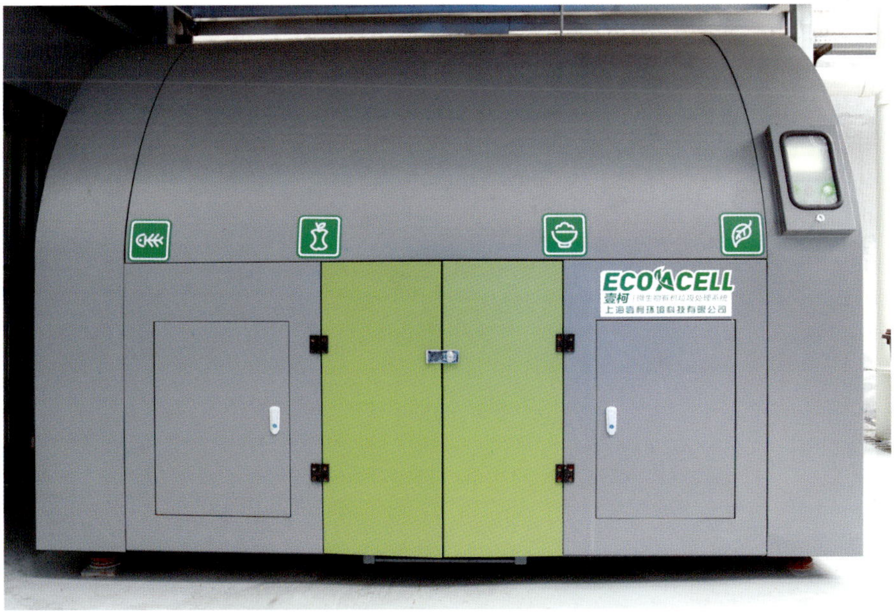

迭代后的设备

合作模式

目标引领，制度护航

企业发挥主体作用

精炼核心技术，居高筑巢

2014 年成立伊始，壹柯环境就集聚了一批年轻的“海归”专家，以“研制高端湿垃圾微生物处理设备，推动中国环境生态科技创新发展”为使命，将科技研发作为企业的第一动力，建造了具有国内先进水平的微生物菌群实验室，在企业人财物颇有压力的情况下，敢于投入打造精干团队，通过自主研发掌握了微生物菌群的核心技术，在有机废物处理领域脱颖而出，有了一席之地，筑成了“引凤之巢”。

洞察市场趋势，勇立“潮头”

壹柯环境的领导人眼光长远，密切关注国家的绿色环保战略及其政策，有机垃圾处理设备产品市场，勇于站在专业科研前沿衡量自己，既知己所长，又知己所短，进而使企业发展的目标与途径始终清晰。

慧眼寻觅资源，主动求贤

人贵有自知之明，企业亦然，“知己所短”使壹柯环境双目明澈，他们很快找到了在“固体废弃物资源化与二次污染控制”科研上颇有建树的同济环境学院，找到了传感技术实力雄厚的上海硅酸盐研究所，以自己的主动与真诚赢得了两家的支持，开启了强强联合之行。

合作模式清晰

勾勒了合作规划

合作规划确定了目标：充分利用双方的各自优势，研发掌握微生物菌群处理湿垃圾的相关前沿技术，制造最先进的湿垃圾微生物处理设备。据此分析了关键技术的创新点，明确了双方分工与具体任务，展望了合作预期结果及其生态效益、社会效益、经济效益多维度的量化指标，在此基础上制定了合作路线图。

建立了组织架构

壹柯环境总经理挂帅直接抓合作项目，副总经理、技术总监、设备总监全力协助，明确一名业务骨干后备干部任合作项目总管，具体负责项目协调推进。同时，积极依靠同济环境学院。一是主动申报，取得市科委支持，在企业设立了“院士专家工作站”，在合作项目实施过程中，至少每两个月一次与专家进行专题会商；二是总经理兼任“同济壹柯环境研究所”副所长，与同济环境学院组成技术研究共同体，研究解决项目实施中的一系列问题。

明确了责权利

壹柯环境连续 3 年向研究所提供总计 300 万元研究经费，主要用于实验室建设、关联仪器设备购置、专职研究人员聘用，以及开展全封闭智能化高效湿垃圾生化处理机延伸课题研究。同济环境学院负责组建科研团队，争取同济大学专项科研资金，提供科研设备、数据库和软件等资源。合作获得的知识产权由双方共享，研究所研发成果（学术论文、专利等）由双方共同署名，根据贡献情况确定排名。

项目团队主要成员在企交流

同济－壹柯技术研究所实验室

各方收益

水乳交融，终获双赢

壹柯环境

核心技术得以扩展

通过产学研合作，壹柯环境优化了包括“温度控制、重量控制、湿度控制、供氧控制”等技术合成的“有机物的微生物分解工艺技术”，建立了“厨余垃圾分解数据模型”“在线实时监控微生物反应的气体探测模块”等技术模块，形成了集微生物技术、环境技术、物联网技术、自动化控制技术为一体的厨余垃圾处理工艺技术体系。

系统产品独立市场

技术进步，使壹柯环境产品质量提升，品种增加，形成了中小型多规格、可固定可移动处理和资源化利用为一体的系列产品，开拓了市场。2019—2022 年，在新冠疫情的严峻形势下，壹柯环境销售厨余处理设备两百多台，销售额 3 000 多万元，上缴税收 400 余万元，未来市场尤为可观。

人才队伍健康成长

企业年轻业务骨干通过参加合作项目，个人专长得以发挥，专业理论得以充实，职业自豪感、岗位责任心得以增强，业务钻研、沟通求助、攻坚克难等能力得以提高。同时，企业引进了一位高学历的海归人才，招收了 4 名本科生，还开启了与实力雄厚的“徐工集团”的合作，增强了企业后劲，扩充了“外脑”“外援”力量。

企业荣誉接踵而至

“绿色环保”是国家战略，壹柯环境在这“利在当代，功在千秋”的事业中担当先锋，攻坚克垒，政府和社会给予了充分肯定，先后获得上海企业·最佳创新奖、第一财经·企业社会责任奖、中国食品健康安全贡献七星奖、上海产学研合作优秀项目奖等荣誉，企业影响力不断提升。

同济环境学院

实现了教研初衷

高校开展科研的最终目标是促进提高生产力，教师对学生授业解惑的最终目标是学生拥有实践能力，这两个目标在校园内往往难以全部实现。同济环境学院与壹柯环境合作，通过企业，将“一体式自养脱氮系统的快速启动方法”等技术优化，融入“湿垃圾微生物处理设备”，将实验室成果变成了企业产品，产品受到市场青睐，教师和学生的实践能力亦得以增强，可谓更高层次的收获。

坚定了发展方向

通过与壹柯环境合作，同济环境学院亲临垃圾处置设备市场，直接感受到随着全社会垃圾分类与处置的深入，微生物处理设备会有更多的应用场景，厨余垃圾处理产出的有机介质物又可被农林业广泛应用。因此，厨余垃圾处置的资源化综合利用一体化成为新科研增长点，融入同济环境学院科研计划与学科建设之中。

拓展了“用武之地”

鉴于合作卓有成效，2020 年 6 月，同济环境学院决定与壹柯环境进行“厨余垃圾处理的科技创新”的新合作，由擅长废弃物资源化系统管理与污染控制技术专家李光明教授领衔团队，联手壹柯环境研发人员，打造科技研发、成果转化、产业培育的产学研合作新平台，帮助壹柯环境解决厨余垃圾设备不断优化的关键工艺技术问题。

专家点评

陆文雄

上海大学理学院教授

此案例讲述了高校推介企业，企业依靠高校，双方精诚合作，获得成功的过程。合作双方面对量大面广，看似简单实则复杂的“湿垃圾”处理难题，攻坚克难，最终使处理技术及设备上了台阶，并成就了具有国内先进水平的“湿垃圾”治理示范项目。

本案例的特点是企业负责人目光高远，聚焦国家“双碳”战略，直接抓合作项目规划制订、抓组织架构设立、抓研发全过程协调；高校、科研机构团队发挥各自优势，提供基础理论、核心工艺和实验设备等支持。整个合作紧密高效，产学研合作成为企业快速成长，高校学科进步的助推器。

图书在版编目（CIP）数据

善合者易胜 ：上海产学研合作优秀案例选编 / 朱英磊主编. -- 上海 ：上海科学技术出版社，2023.12
ISBN 978-7-5478-6331-2

Ⅰ. ①善… Ⅱ. ①朱… Ⅲ. ①产学研一体化－案例－上海 Ⅳ. ①G640

中国国家版本馆CIP数据核字(2023)第178262号

善合者易胜——上海产学研合作优秀案例选编

朱英磊 主编

上海世纪出版(集团)有限公司
上 海 科 学 技 术 出 版 社 出版、发行
（上海市闵行区号景路 159 弄 A 座 9F-10F）
邮政编码 201101 www.sstp.cn
江阴金马印刷有限公司印刷
开本 787×1092 1/16 印张 10.5
字数：130 千字
2023 年 12 月第 1 版 2023 年 12 月第 1 次印刷
ISBN 978-7-5478-6331-2 / F · 40
定价：68.00 元
